U0945651

中国特色社会主义政治经济学丛书

改革开放四十年：
我国经济周期波动及对外经济政策调整

GAIGE KAIFANG SISHINIAN:
WOGUO JINGJI ZHOUQI BODONG JI DUIWAI JINGJI ZHENGCE TIAOZHENG

龚 驰 著

四川大学出版社

项目策划：邱小平　梁　平
责任编辑：杨丽贤
责任校对：周　颖
封面设计：墨创文化
责任印制：王　炜

图书在版编目（CIP）数据

改革开放四十年 ：我国经济周期波动及对外经济政策调整 / 龚驰著. — 成都 ：四川大学出版社，2018.6
（中国特色社会主义政治经济学丛书）
ISBN 978-7-5690-2914-7

Ⅰ. ①改… Ⅱ. ①龚… Ⅲ. ①中国经济—经济周期波动—研究②对外经济政策—研究—中国 Ⅳ. ①F124.8

中国版本图书馆 CIP 数据核字（2019）第 101143 号

书名　改革开放四十年：我国经济周期波动及对外经济政策调整
GAIGE KAIFANG SISHINIAN: WOGUO JINGJI ZHOUQI BODONG JI DUIWAI JINGJI ZHENGCE TIAOZHENG

著　　者　龚　驰
出　　版　四川大学出版社
地　　址　成都市一环路南一段 24 号（610065）
发　　行　四川大学出版社
书　　号　ISBN 978-7-5690-2914-7
印前制作　四川胜翔数码印务设计有限公司
印　　刷　四川盛图彩色印刷有限公司
成品尺寸　170mm×240mm
插　　页　2
印　　张　9.75
字　　数　192 千字
版　　次　2019 年 9 月第 1 版
印　　次　2019 年 9 月第 1 次印刷
定　　价　48.00 元

◆ 读者邮购本书，请与本社发行科联系。
电话：(028)85408408/(028)85401670/
(028)86408023　邮政编码：610065
◆ 本社图书如有印装质量问题，请寄回出版社调换。
◆ 网址：http://press.scu.edu.cn

四川大学出版社
微信公众号

丛书序

党的十一届三中全会以来，我们党把马克思主义政治经济学基本原理同改革开放新的实践结合起来，不断丰富和发展马克思主义政治经济学，形成了适应中国国情和时代特点的当代中国马克思主义政治经济学——中国特色社会主义政治经济学。

中国特色社会主义政治经济学是马克思主义政治经济学基本原理与中国特色社会主义经济建设实践相结合的理论成果，是当代中国马克思主义政治经济学的集中体现，是指导中国特色社会主义经济建设的理论基础。它立足于中国改革发展的成功实践，诞生于中国，发展于中国，服务于世界，是指引当代中国不断解放和发展生产力的科学理论，是引领社会主义市场经济持续健康发展的指南。

党的十八大以来，以习近平同志为核心的党中央坚持理论创新引领实践创新，推动一系列重大经济理论创新，提出了一系列新思想新论断，形成了以新发展理念为主要内容的习近平新时代中国特色社会主义经济思想，揭示了新时代中国经济发展的客观规律，为中国和世界带来了新的经济发展理念和理论。

四川大学在长期的办学历程中，始终坚持以马克思主义政治经济学为指导，高举中国特色社会主义伟大旗帜，围绕国家和世界经济发展面临的重大问题，不断推进知识创新、理论创新、方法创新，致力于构建中国特色社会主义政治经济学的理论体系，在社会主义基本经济制度、社会主义基本分配制度、社会主义市场经济理论、社会主义经济运行理论、社会主义经济发展理论、社会主义城乡一体化理论以及社会主义经济全球化与对外开放理论等领域长期耕耘，并形成了自身的研究特色和优势。

为了进一步学习实践习近平新时代中国特色社会主义经济思想，更好地阐释经济建设实践中的重大理论和现实问题，巩固和深化现有研究成果，不断为道路自信、理论自信、制度自信、文化自信做出新的理论创造和理论贡献，我们以四川大学“双一流”超前部署学科“马克思主义理论与中国特色社会主义创新”为依托，研究设计了中国特色社会主义政治经济学丛书。

丛书的第一集共八本，以庆祝改革开放四十周年为主题，分别从“中国农村改革四十年：回顾与经验”“改革开放与货币政策宏观调控变革”“中国四十年价格改革”“改革与增长：中国经济奇迹的政治经济学解释”“改革开放四十年：我国经济周期波动及对外经济政策调整”“改革开放四十年：创新驱动供给侧结构性改革”“从城乡分割到城乡融合：成都的土地改革与乡村振兴”以及“中国经济改革与对外开放四十年：理论与实践探索”等方面对改革开放四十年的具体实践进行了深入分析。之后，我们还将从中国特色社会主义政治经济学的其他维度进行系统设计。

我们希望这套丛书的出版，有助于四川大学学术大师的不断涌现和学术流派的逐渐形成，有助于中国一流、川大风格的马克思主义理论与中国特色社会主义创新研究学科的逐渐形成。

学术永无止境。该丛书肯定会有不少需要改进之处，恳请各位同仁、读者为我们提出宝贵意见，让该丛书越办越好，在构建中国特色社会主义政治经济学理论体系中发挥积极作用。

目 录

第 1 章　导　论……………………………………………………………… (001)

第 2 章　经济周期理论概述………………………………………………… (008)

2.1　经济周期的内涵 ………………………………………………… (008)

2.2　经济周期的划分 ………………………………………………… (010)

2.3　经济周期实例 …………………………………………………… (013)

2.4　经济周期理论概述 ……………………………………………… (015)

第 3 章　改革开放四十周年经济发展历程………………………………… (032)

3.1　内部经济发展历程 ……………………………………………… (032)

3.2　对外经济发展历程 ……………………………………………… (049)

第 4 章　我国对外经济政策调整历程……………………………………… (074)

4.1　目标探索阶段（1978—1991 年） ……………………………… (075)

4.2　框架构建阶段（1992—2002 年） ……………………………… (077)

4.3　逐步推进阶段（2003—2008 年） ……………………………… (081)

4.4　全面深化阶段（2009 年至今） ………………………………… (084)

第 5 章　我国经济周期波动的整体特征…………………………………… (088)

5.1　研究意义和背景 ………………………………………………… (088)

5.2　经济周期的测量方法与数据说明 ……………………………… (089)

5.3　我国经济周期的波动特征 ……………………………………… (093)

5.4　改革开放后我国经济周期波动的内部因素 …………………… (096)

5.5　结论 ……………………………………………………………… (112)

第 6 章　亚洲区域经济周期同步性……………………………………………………（114）
6.1　概述 …………………………………………………………………………（114）
6.2　经济一体化和商业周期同步的趋势 …………………………………………（116）
6.3　实证研究 ……………………………………………………………………（128）
6.4　结果 …………………………………………………………………………（131）
6.5　结论 …………………………………………………………………………（138）
第 7 章　结　论……………………………………………………………………（141）
参考资料……………………………………………………………………………（145）

第1章

导　论

如果说遵义会议是我党历史上一个生死攸关的转折点的话，那么20世纪70年代末期就是新中国成立后我国社会经济发展史上的一个重要分水岭。随着1978年11月24日晚安徽省凤阳县凤梨公社小岗村严立华家的茅屋里挤满的18位农民“秘密契约”的签订，以及1978年12月18日中国共产党第十一届中央委员会第三次全体会议在北京的召开，中国迎来了新中国成立以来具有深远意义的伟大转折，就此将新中国的发展历程划分为改革开放前的计划经济建设时期和改革开放后的市场经济建设时期。

中共十一届三中全会确定把党和国家的工作重心转移到社会主义现代化建设上来，确立了改革开放的基本国策。中共中央通过在农村实行“家庭联产承包责任制”启动了改革开放阶段的内部发动机；正式批准广东、福建两省在对外经济活动中实行特殊政策、灵活措施启动了我国改革开放的外部发动机，从此中国进入建设富有中国特色的社会主义现代化的新时期。中华民族终于踏上了民族复兴的伟大征程。

四十年的征程、四十年的沧桑巨变、四十年的光辉历程，我国的人民生活水平、综合国力、国际地位均得到了大幅度的提升。如今，我国的经济总量增长迅速，成为全球第二大经济体；人均GDP（国内生产总值）大幅提升，跨入了中等收入国家行列。目前我国是世界第一大工业国、第一大货物贸易国和第一大外汇储备国。但在社会主义经济体制逐步建立、改革开放不断深入、经济快速发展以及与全球经济交往日益密切的同时，我们也看到我国经济存在较大波动，并且在不同时期呈现出不同特征和趋势，与其他国家相比也具有鲜明的特征①。

在这一方面，众多学者均达成了一致意见，对我国经济周期波动的研究不能简单直接地套用西方研究者的研究成果或者模型。研究我国特色的经济周期波动既是保障我国经济持续健康运转的现实问题，也是一个全新的重大理论问题。换句话说，对改革开放以来的经济波动进行全面的探索、测定与分析，将对我们回答我国经济波动是一种随机波动还是具有一定的周期性，其周期波动的形态是怎样的，有什么样的趋势和特征等一系列问题有重大帮助；将对我们认识我国特色社会主义市场经济条件下经济周期波动的客观规律，把握经济运行的发展趋势等具有重大的理论、现实意义，最终为国家宏观经济调控和保持经济的持续稳定增长提供客观参考。

本书以我国经济周期波动为主题，主要研究三大问题，即我国经济周期波动的特征，改革开放以后我国对外政策的调整，以及影响我国经济周期波动的内外部因素。基于此，笔者考察了我国改革开放以来（1978—2017 年）经济周期波动的特点，并利用计量分析方法分析了影响我国经济周期波动的主要内外部因素。具体而言，我们将选取相关变量量化我国对外经济政策的调整和变化，从对外经济发展的角度进一步解释相关因素调整所带来的变化，最终针对我国当前经济情况以及美国 Home Bias（本土偏好）政策的推行，提出对未来政策调整的建议。全书共 7 章，第 1 章为导论；第 2 章回顾经济周期的经典理论，介绍了相关的主要理论；第 3 章探索改革开放四十年经济发展历程；第 4 章研究我国对外经济政策的调整历程；第 5 章研究我国经济周期波动的整体特征，并分析其影响因素；第 6 章进一步分析区域经济周期同步的决定因素；第 7 章是本书结论以及给出的政策建议。

第 4 章、第 5 章、第 6 章是本书的核心部分，其主要内容如下。

第 4 章梳理了自 1978 年改革开放以来我国对外经济政策的调整及对经济的影响。本书将我国对外经济政策调整历程分为四个阶段：一是目标探索阶段（1978—1991 年），二是框架构建阶段（1992—2002 年），三是逐步推进阶段（2003—2008 年），四是全面深化阶段（2009 年至今），第四阶段又细分为 2009—2013 年、2014 年至今这两个阶段。

（1）目标探索阶段。

此阶段国家对外经济政策的调整主要集中在改革微观经济体制、实施关税

① CHUN CHANG，KAIJI CHEN，DANIEL F. WAGGONER，et al. Trends and Cycles in China's Macroeconomy [EB/OL]. [2015-06-30]. https://www.nber.org/papers/w21244.

政策与汇率双轨制、完善对外经贸法律法规建设等方面，目的是吸引外商来华投资及调动对外贸易部门经营积极性。在国家的统一管理下，政府开始逐步放弃计划贸易，实施进口替代与出口导向两者相结合的贸易战略，采取开放型贸易保护的贸易政策，推动了我国出口加工贸易体系的形成和成长，并且使其体量超过传统贸易体系，在国民经济发展中处于主导地位。

（2）框架构建阶段。

此阶段致力于建立和完善社会主义市场经济体制的大框架，深入推进市场经济改革，加速贸易自由化。从1992年邓小平南方谈话开始，我国逐步形成了由沿海、沿江、沿边到西部地区的全方位、多层次、宽领域的对外开放格局，并配套出台政策措施鼓励外商投资与外资利用。同时，从1992年开始对进口制度的相关内容进行改革，通过关税减让和规范非关税措施等手段，推动我国贸易向自由化发展。1994年，我国对外汇管理体制进行了大刀阔斧的改革，取消了汇率双轨制，实施汇率并轨，在外汇管理上实行银行结售汇制，并且建立了银行间外汇市场，为我国出口贸易的发展提供了有利条件。同时，为了恢复关贸总协定的缔约国身份和加入世界贸易组织，从1993年开始我国依据GATT/WTO（GATT：关税及贸易总协定；WTO：世界贸易组织）的规则，不断完善我国对外经济法律体系，使我国对外经济贸易的经营管理趋于法制化，并逐步与国际接轨，符合国际经济通行准则。我国于2001年12月正式加入世界贸易组织。

（3）逐步推进阶段。

加入世界贸易组织后，我国对外经济贸易的改革力度得以加强，改革速度更快，对外经济政策调整进入逐步推进阶段。在这一阶段，为了顺利融入WTO多边贸易体制，我国对贸易体制以及与贸易相关的政策进行了变革，实行统一开放的对外贸易制度，对外贸易政策逐步转向自由贸易；放宽经营权，注重政策内外协调，贸易体制逐步与国际接轨；依据WTO规则，对与贸易相关的法律法规进行了清理和调整，建立起较完善的对外贸易法律体系；进一步推进汇率市场改革，放弃人民币盯住单一美元，建立起以市场供给需求为基础、参考一篮子货币进行调节、有管理的浮动汇率制度；主动调低关税水平，减少非关税贸易壁垒措施和进口许可证数量，同时还主动调低了部分产品出口退税率。这一时期，世界贸易组织非歧视性原则在一定程度上制约了我国对外贸易政策的走向，我国采取了适度保护和温和的鼓励出口的贸易政策。

（4）全面深化阶段。

2008年美国次贷危机引发了全球性的金融危机，世界经济增速明显放缓，甚至陷入衰退。在此形势下，我国对外经济政策调整进入全面深化阶段。本书以2013年美国退出量化宽松政策为节点，将此阶段分为危机时代（2009—2013年）和后危机时代（2014年至今）这两个阶段。在危机时代，全球金融危机愈演愈烈，严重影响了世界经济的健康发展，扰乱了世界贸易秩序，世界各国出于保护本国经济利益的考虑，都在一定程度上采取了贸易保护措施。对此，我国提出了"保出口"的对外贸易基本战略，并对进出口关税做出调整，积极参加双边自由贸易区谈判，建立自由贸易区，应对他国贸易壁垒，稳定我国产品在国际市场中所占份额。2010年，我国重启汇率改革，对人民币汇率形成机制进行深化改革，改善了我国对外经济贸易发展的国际环境。为了应对美国的退出量化宽松政策，后危机时代我国制定了多项对外贸易战略，包括建立中国（上海）自由贸易试验区、提出并推动实施"一带一路"倡议等，同时深化人民币汇率的改革，并主动参与到国际贸易规则的制定中。

第5章研究了我国经济周期波动的整体特征及其影响因素。现代周期理论把经济波动理解为多种随机冲击效应经过传播、放大和复合后形成的结果，然后分析经济波动的纯波动特征，即消除了趋势部分的时间序列的特征，并采用滤波技术来估计长期非线性趋势。目前，在经济周期研究中广为使用的滤波法主要有HP滤波法、BP滤波法和CF滤波法三种。本章使用HP滤波法，对1953—2017年中国宏观经济变量序列进行分解并取得周期性成分，将1953年以来我国经济的发展分为11轮经济周期，其中有10轮完整的经济周期，第11轮经济周期正在形成中。

改革开放以来我国经济周期的基本特征主要有四个：第一，波动周期逐渐拉长，由短周期逐渐趋向于朱格拉中周期；第二，波动幅度总体减弱，经济稳定性有所提高；第三，波峰总体下降，经济扩张幅度减小；第四，经济周期呈现出不完全的对称性，即将开始新一轮经济周期。

我们还从内部和外部两方面对经济周期波动的影响因素进行了分析。内部影响因素包括：

（1）内部消费。

内部消费在国民经济发展中扮演着十分重要的角色，是生产的最终目的，也是社会实现再生产的重要条件。作为长期以来拉动我国经济增长的三驾马车之一的内部消费，其波动是国民经济波动的重要因素之一。

（2）投资。

投资是当期GDP的重要组成部分，而且根据凯恩斯的投资乘数理论，其会对经济会产生数倍的直接作用。此外，投资，尤其是固定资产投资，作为基础设施建设的重要来源，涉及经济活动中的许多行业及部门，可以进一步增加就业岗位、扩大消费需求、形成未来的生产和服务能力。

（3）产业结构。

历史数据表明，第三产业比重的上升有利于经济周期波动幅度的减小，有利于提高经济发展的平稳性。

（4）金融发展。

一方面，金融体系的完善及健全、金融市场的创新会提高金融系统的效率，从而对实体经济产生影响，增加经济发展的稳定性；另一方面，不恰当的金融创新也会导致金融市场混乱，进而导致整个宏观经济的剧烈波动。

（5）经济政策不确定性水平。

国内外大量研究从理论及实证角度均表明，经济政策的不确定对宏观经济有着负向效用，不确定性水平上升时，其通过经典的“实物期权效应”和“金融摩擦渠道”对宏观经济造成负面效应。

外部影响因素包括：

（1）进出口贸易。

进出口贸易主要通过影响宏观经济中的供求关系来影响经济周期的波动。

（2）外商投资。

经济向好时，外商直接投资有利于提高经济发展预期，促进经济繁荣；经济增速放缓时，外商直接投资的撤资将加速经济增速的下滑。对间接投资而言，其较高程度的流动性和投机性对经济的冲击较大。

（3）汇率。

我国的汇率形成机制正不断走向市场化，我国的经济周期波动也容易受到来自汇率波动的影响。

（4）大宗商品价格。

世界大宗商品价格反映了实际产品需求与投资需求，其通过实际商品市场和金融资本市场两种途径对我国的经济波动产生影响。

（5）世界经济不确定性。

从国际贸易、外商直接投资和短期资本流动的角度来看，世界经济不确定性的提高可能对我国经济波动周期产生明显的冲击。

基于以上的理论内容，本章最后从实证的角度建立了向量误差修正模型（VECM），引入经济周期（cycle）、年最终消费支出（consume）、金融业对GDP贡献度（finance）、产业结构（第三产业对GDP贡献度，sanchan）、中国资本开放度（capital）、中国贸易开放度（trade）、汇率（r）、世界价格指数

（cpi）等变量。实证表明，长期而言资本开放度、贸易开放度、汇率对我国经济周期波动、消费、金融贡献度、产业结构产生显著影响，而且他们对金融的贡献度和对产业结构的影响与对消费的影响呈反向作用。不仅如此，从长期来看，贸易开放度和汇率的变化对经济周期波动有正向刺激的作用，而资本开放度的变化对经济周期波动却有反向刺激作用。最终发现，消费、产业结构、资本开放度和贸易开放度具有良好的顺周期作用，金融拉动率和汇率则具有逆周期作用。最后，本文利用方差分解来分析各变量对我国改革开放以后经济周期波动的贡献度，结果表明我国经济周期的波动很大程度上由国内的投资拉动的，且资本开放度和消费呈现出较强的解释力度。这说明资本在一定程度上对我国经济周期波动有着较为明显的影响。

第 6 章将我国纳入亚洲区，从实证角度分析了亚洲区域经济周期同步的决定因素。本章使用了系统方程，利用两阶段回归分析法从亚洲区的内部和外部的角度探讨了经济一体化是如何影响亚洲国家的经济周期同步性。我们区分了两种一体化：贸易一体化与金融一体化，以及内部经济一体化（区域内部或亚洲国家之间的经济一体化）与外部经济联动（区域外部或亚洲国家与世界其他地区间的经济一体化的联动），并研究了不同种类的经济一体化是如何影响该区域内国家的经济周期同步的。

实证结果表明，相似的正向外部联系对于亚洲国家经济周期同步性具有显著的正向影响，来自亚洲之外的主要工业化国家的外部冲击也会影响亚洲国家的经济周期并引起该区域内国家间的经济周期同步。此外，外部联系，特别是外部金融联系，是决定亚洲国家经济周期同步的最重要因素。内部贸易联系对于经济周期同步性有正向影响，而在控制外部联系之后，内部金融联系对于亚洲经济周期同步性有负向影响。这与之前研究发现的内部金融联系的正向影响结论相反。致力于亚洲内部贸易一体化的地区，如 ASEAN＋3（东盟十国）的自由贸易区，很可能会通过扩大内部贸易一体化的程度，进而增加区域内经济周期同步性。而同步性更强的区域经济周期反过来会增加对于区域性宏观经济政策协调的需要，进而减少区域货币一体化的成本。不仅如此，从某种程度上来讲，由于外部因素，特别是从外部金融联系对亚洲区域内部相对重要的角度而言，我国要推动区域货币一体化进程还需要进一步削弱外部因素对亚洲区域内部的影响，或者说是降低亚洲区域对外界金融的依赖度。

另外，在亚洲内部用于促进金融一体化的区域性措施，如《清迈倡议多边化协议》和《亚洲债券市场发展倡议》，很可能降低区域内经济周期同步性。然而，实证结果同样显示区域金融一体化对于区域贸易一体化有正向影响，而区域贸易一体化又对经济周期同步有正向影响。换句话来说，《清迈倡议多边化协议》和《亚洲债券市场发展倡议》的区域性措施可能对经济周期同步有直接的负向影响，但在考虑其间接影响后，总体的负向影响会减少甚至逆转。

更重要的是，区域金融一体化及合作会带来其他诸多利益，比如，降低了未来经济危机发生的可能性，促进了风险分担，并有效地将储蓄分配到投资中。在考虑了这些利益后，区域金融合作的努力很可能会提高该区域内国家的福利水平。此外，区域货币一体化相对于区域金融合作而言，可行性可能更高。比如，区域金融一体化能通过增加区域内消费风险分担来减少货币同盟的成本，这可以认为是在不对称的收入冲击存在下的一个内在的稳定机制。因此，更深入的区域金融一体化或合作，特别是综合性的一体化或合作，可以为亚洲国家提供更多普惠的福利。

面对错综复杂的国内外形势，我国经济现阶段延续稳中向好发展态势，经济结构调整优化，动能转换有新进展，质量效益有新提升，改革开放有新亮点，新经济、新业态涌现，高质量发展实现良好开端。但是，也要看到，现阶段，经济发展面临着不少挑战，三大攻坚战进入攻城拔寨关键时期，全球经济遇到的风险和困难逐步增加，而世界各主要经济体增长放缓、通胀上升，经济增长率逐年下跌。因此，在这种背景下，我们应该充分利用消费、产业结构、资本开放度和贸易开放度等的顺周期作用和金融拉动率、汇率的逆周期作用，适时地实施区域贸易一体化策略和区域金融一体化策略，来摆脱困境和推动亚洲区的进一步整合。

第2章

经济周期理论概述

2.1 经济周期的内涵

18世纪末的工业革命给西方世界的社会生产带来了惊人的增长动力，但由于后期的产品供给严重过剩，远远超过了当时的社会需求，最终导致1825年英国爆发了世界上的第一次经济危机。此后，经济发展的周期性波动就成为各国经济发展态势的一个重要表象，这种周期性波动对经济体自身以及其他经济体的宏观经济面所带来的巨大冲击备受研究者的关注，与经济增长并肩成为宏观经济研究重点关注的问题。

《现代经济学词典》给经济周期波动做出了以下定义：经济活动水平的一种波动（通常以国民收入来代表），它形成一种规律性模式，即先是经济活动的扩展，随后是收缩，接着是进一步扩张，这类周期随着产量的长期趋势进程而出现。获得诺贝尔经济学奖的美国经济学家保罗·萨缪尔森对经济周期波动曾做过这样的描述：经济情况从来不是静止不动的，在繁荣之后，可以有恐慌与暴跌。经济扩张可以让位于衰退，这时，国民收入、就业和实际收入下降，通货膨胀、利润下降、人们失去工作等情况就会出现。下降到了最低点以后，经济就会开始复苏。这个过程可以慢，也可以快，也可能是不彻底的，或者复苏得非常强烈，最终带来一个新的繁荣。新的繁荣可能代表着需求旺盛、工作机会多和生活水平上升的一段长期持续的高涨时期；它也可能代表着价格和投机的迅速性和膨胀性的急剧上升，紧接而至的却是另一场灾难性的萧条。这种产出、价格、利率和就业的上升和下降运动构成了经济周期，它是在错综复杂的货币经济取代相对自给自足的前商业化社会后，世界工业化国家的共同特点。美国国家经济研究局的伯恩斯与米切尔则对经济周期做出以下定义：经济周期是指在主要按商业企业来组织活动的国家的总体经济活动中看到的一种波动，一轮经济周期包括在很多经济活动中所发生的扩张，随之而来的衰退、收缩以及与下一个周期的扩张阶段相连接的复苏；这系列顺序变化是重复出现的，但不是定时的，其在持续时间上各不相同，从 1 年到 10 年或 12 年均有可能。此外，英国著名经济学家阿瑟·塞西尔·庇古也曾提出过“所有经济周期波动都是一家，但其中却没有任何两个是孪生”的观点。哈伯勒认为，在某种意义上，每个循环都是独立的历史个体，它是由当期社会经济结构深层次培育出来的。

从以上的描述不难看出，虽然对经济周期波动的定义的表述各不相同，但总体而言学界均认为其存在以下几个特点：

第一，经济周期波动的核心是国内生产总值或者国民收入的波动。换句话说，这种波动是发生在整个经济、覆盖经济所有基本面的周期性波动，而不是局部的波动。这种波动将引起失业率、物价、利率、利润和对外贸易等经济基本面的波动，而整个经济基本面的波动也会反馈影响到周期波动。

第二，经济周期波动是经济发展过程中市场自发调节所带来的不可避免的波动，是市场经济的必然产物和基本特征之一。

第三，经济周期的波动周期、波动幅度和波动过程不完全相同且具有随机性。但每个经济周期波动均是繁荣与萧条交替在经济中反复出现，在很大程度上是难以预测的。

综合上述观点，我们在本书中对经济周期波动做出如下的定义：

经济周期波动，也称为商业周期波动，是国内生产总值在长期受到各种市场经济活动和市场环境的影响和驱使后，所带来的经济总体发展趋势的有规律的扩张与紧缩现象，这一现象也将通过多种传导机制影响社会经济的各个方面，而社会经济的各个方面的变化调整也会通过多种传导机制影响经济周期波动。

由于经济运行的驱动因素不同，并且在不同时期，推动经济增长的触发点也不尽相同，因而每轮经济周期的内涵不同，波动也将不同，最终对经济各方面的影响也不同。但是政府部门可以适当地利用货币、财政、收入分配及汇率等政策措施进行逆周期调节，以避免经济周期大幅波动。

2.2 经济周期的划分

对于经济周期的划分，不同经济学家有不同的观点和意见。但通常都是从两个方面来划分的：一是根据周期的长度，一是根据周期的波动。依据第一种方法划分，通常有四种类型的经济周期（见表 2—1）：由于企业的库存循环而产生的基钦周期；由于失业，物价随设备投资波动而产生的朱格拉周期；由于建筑活动的循环变动而产生的库兹涅茨周期；由于技术变革及其带来的经济结构的变化所产生的康德拉季耶夫周期。显然，这几种经济周期的划分会相互重叠交织并互相影响，从而导致不同时长、不同程度的繁荣与萧条。

表 2—1　按周期长度划分的经济周期

名称	原因	平均长度	相互之间的关系
基钦周期（小周期）	由于企业的库存循环而产生的周期波动	约 40 个月	
朱格拉周期（中周期）	由于失业，物价随设备投资波动而产生的周期波动	约 9 年	约合两至三个小周期
库兹涅茨周期（中长周期）	由于建筑活动的循环变动而产生的周期波动	约 20 年	约合两至三个中周期
康德拉季耶夫周期（长周期）	由于技术变革及其带来的经济结构的变化所产生的周期波动	约 50 年	约合六个中周期

依据第二种方法划分，经济学家普遍认为一个完整的经济周期包括了经济扩张和经济紧缩两个阶段。而在二者的转换过程中，又产生了衰退和复苏两个不同时期。

经济周期有两阶段、三阶段和四阶段假说，本书只介绍传播最广泛的四阶段假说。[①] 该假说认为，一个完整的经济周期波动按顺序包含繁荣—衰退—萧

① 两阶段假说：每一个经济周期都可以分为上升和下降两个阶段，表现为实际 GDP 增长相对于理论 GDP 增长上升（扩张）或下降（衰退），顶峰代表着经济由盛转衰的转折点，反之，谷底代表着经济由衰转盛的转折点。一个完整的经济周期波动包含一个完整的峰—峰（谷—谷）。三阶段假说：Sichel 提出关于经济周期阶段性划分的三阶段假说，他将一个经济周期分为经济收缩期、经济稳定期、经济扩张期三个阶段。王成勇和艾春荣在《中国经济周期阶段的非线性平滑转换》中写道，实证研究表明，把经济周期阶段划分为紧缩、恢复和扩张三个阶段已经能够较好地刻画我国经济增长的非线性动态结构，但是划分为紧缩、恢复、扩张和衰退四个阶段，在整体拟合效果和对经济增长结构的解释能力方面都有显著提高。

条—复苏四个不同阶段[①]。这种假设可以较好地模拟大部分国家的宏观经济周期波动现象，并提高对经济增长结构的解释力度。图 2−1 反映了实际 GDP 增长与理论 GDP 增长在经济周期波动的四个不同阶段中的关系和变化趋势。图中，从 A 到 E 就是一个周期，D 为周期波动的底部，称为谷底（trough）；B 为波动的顶端，称为顶峰（peak）。

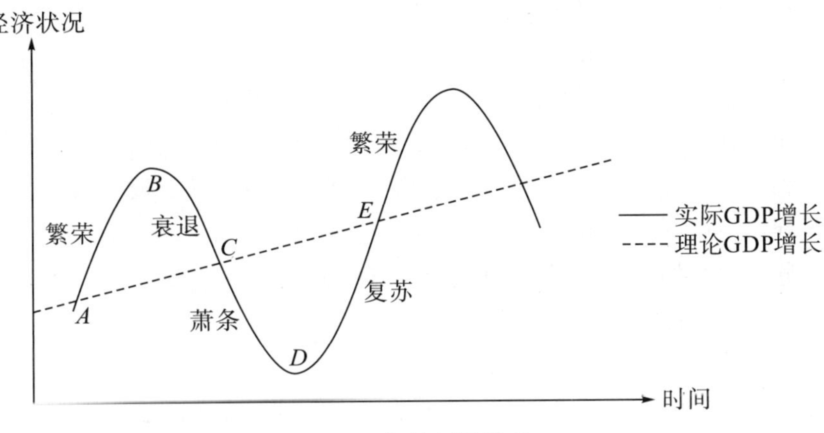

图 2−1　经济周期波动

（1）繁荣（boom）。

图 2−1 中的 $A-B$ 阶段。一般来说，繁荣阶段可以看作经济周期的起点，在这一阶段，经济活动全面扩张，不管是国民总支出还是国民总收入都呈现出迅速增长的趋势，实际经济增长水平高于理论增长水平，国民收入高于充分就业时的水平。社会各界的经济总量呈现出井喷式的增长。这一阶段的特征为货币供给持续快速增长，生产和价格迅速增加，企业利润快速增长，长短期利率走高，投资增加，信用扩张，股市持续强势，就业增加，公众对未来持乐观态度。

（2）衰退（recession）[②]。

图 2−1 中的 $B-C$ 阶段。该阶段是从繁荣到萧条的过渡阶段，这时经济开始从阶段性顶峰下降，但仍未达到谷底，总的来说，就是经济停滞或经济负

① 在总体经济的波浪式前进中，要判断某一时期的经济运行处于哪个阶段，主要看一个社会的总产出（或总收入）水平（即 GDP）、消费、投资、净出口、就业量、销售量、资本借贷量、物价水平、利率、利润率等经济指标的变动情况。

② 就衰退的定义而言，不同国家或不同学者的定义差别较大，例如美国国家经济研究局就将衰退定义得相对模糊：大多数经济领域内的经济活动连续几个月出现下滑。而在宏观经济学上通常将衰退定义为，在一年中，一个国家的国内生产总值增长连续两个或两个以上季度出现下跌。

增长的时期。在这一阶段，经济活动开始萎缩，虽然无论是国民总支出还是国民总收入都呈现出增长趋势，且实际经济增长水平仍高于理论增长水平，但经济增长的变化率开始出现负值。此外，这一阶段的特征为伴随着就业（需求）、产出、企业利润、股票价格、利率、消费者需求、货币供给、投资等的下降，货币相对疲弱，股市低迷，经济增长率持续趋缓，物价水平开始下降。凯恩斯认为对商品总需求的不足是经济衰退的主要原因。

（3）萧条（depression）。

图 2−1 中的 $C-D$ 阶段。该阶段是规模大、范围广且持续时间长的严重衰退时期，其明显特征是经济增长持续趋缓，需求严重不足，生产严重过剩，销售量和产出急剧下降，利率高，投资减少，信用紧缩，股市疲弱，物价下跌，盈利水平极低，企业获利不佳，大量企业破产倒闭，失业严重。国民收入低于充分就业时的水平。萧条的最低点（D 点）称为谷底，这时就业与产量处于萧条阶段的最低水平。

（4）复苏（recovery）。

图 2−1 中的 $D-E$ 阶段。该阶段是从萧条到繁荣的过渡阶段，这时由于新生产技术或管理方法的使用，或者新市场的开发等因素，经济开始从谷底（D 点）回升，经济处于稳定并开始逐渐恢复到理论增长水平。换句话说，就是经济摆脱衰退的阴影，逐步走出低谷。其明显特征是经济增长率稳定上升，货币供给快速增长并逐渐恢复强势，消费和投资逐步增加，股市开始上涨，生产和销售也随之增加，企业获利由谷底翻升，就业逐步恢复到完全就业的状态，但物价持续走低并到达谷底，公众对未来持乐观态度。

通过以上的分析，我们可以总结出以上四个阶段的特征（见表 2−2）。

表 2−2　经济周期各阶段的特征

经济阶段 / 市场	繁荣	衰退	萧条	复苏
货币供给	持续快速增长，达到高峰	持续下降	持续下降 逐渐回升	快速升高
货币走势	达到高峰	相对疲弱	持续疲弱	逐渐恢复强势
股市	持续强势	低迷	维持疲弱	上涨
经济增长率	增长强劲	持续趋缓	持续趋缓	稳定上升
企业获利	快速增长	开始下降	下降	由谷底翻升
原料商品价格	强势上扬	开始下降	下降	到达谷底

续表

市场＼经济阶段	繁荣	衰退	萧条	复苏
长短期利率	走高	开始下降	下降	到达谷底
物价	强势上扬	开始下降	下降	到达谷底

2.3 经济周期实例

2.3.1 美国经济周期

根据美国国家经济研究局统计，自 1854 年起，美国共经历了 33 轮完整的经济周期，平均每个周期长度 56 个月①，现在正在经历第 34 轮经济周期。除了 1929 年的大萧条破纪录持续了 43 个月以外，自 1933 年之后，没有一次萧条持续 20 个月以上。

以近期为例，20 世纪 80 年代至今美国的经济周期衰退幅度相对减小。80 年代以后，美国发生了 5 次衰退，经历了 5 轮经济周期。依照谷谷计算，最短的经济周期是 1980 年 7 月到 1982 年 12 月，共计 28 个月，最长的经济周期是 1991 年 3 月到 2001 年 12 月，共计 128 个月。而衰退最长的一个阶段是 2007 年美国发生次贷危机以后，总共持续了 18 个月。这体现出美国的经济周期振幅减小、周期加长、衰退期变短的总体趋势。从长期来看，这一趋势与美国政府对宏观经济的有效调控，使得其经济稳定性加强有着紧密的关系。

20 世纪 80 年代到次贷危机发生之前，在里根、布什、克林顿几任总统任期内的美国经济呈现出长时间的稳定且持续的增长趋势。在这期间，经济的衰退周期大部分都不超过三个季度，且出现了美国历史上持续时间最长的繁荣期，这在发达国家近代历史上是难得一见的。更值得一提的是，在克林顿任期内（1993 年 1 月—2001 年 1 月），美国财政赤字水平不断下降，并实现了财政收支在一段时间内扭亏为盈，实现了低失业与低通胀并存，成就了历史上最长周期的繁荣与发展。②

---

① 本书分别按照峰—峰、谷—谷的方式计算，结果均为 56 个月。

② 1990—1991 年期间，波斯湾战争以及疲软的房地产市场使得消费者信心不足，失业率高达 7.8%，1990 年股市就下跌 20%，但这次衰退持续时间不长，连续两个季度之后就开始回升，迎来了史上最好的 10 年光景。

2.3.2 我国的第十轮经济周期（2008—2011 年）

新中国成立以后，我国共经历了 11 轮完整的经济周期波动，其中改革开放前共经历了 5 轮，改革开放以后共经历了 6 轮，目前正处于第 11 轮经济周期波动中。

总的来说，我国的经济周期长度参差不齐，差别很大，大体长度在 4～10 年间。平均而言，我国经济周期的长度为 5.7 年。改革开放后的平均经济周期长度较改革前增加了 1.8 年。而复苏与衰退阶段平均长度由改革开放前的 2.4 年分别增加到了 3.4 年与 3.2 年。这说明，尽管改革开放后我国面临的不确定性增加，但经济周期波动延长，经济增长的稳定性加强，我国经济呈现出"又好又快"的增长态势。

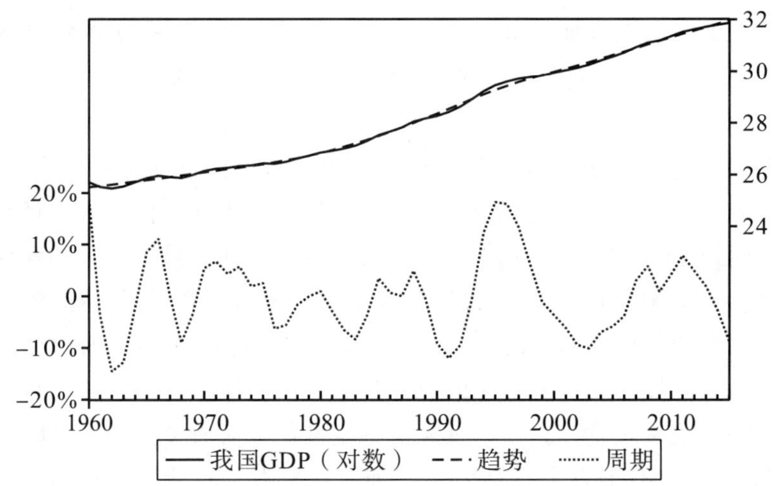

图 2—2　基于 HP 滤波法的我国经济周期波动

数据来源：根据世界银行数据库数据计算得出。

图 2—2 展现了利用 HP 滤波法估算的我国 20 世纪 60 年代以后的经济周期波动状况，很明显我国已经经历了 10 轮完整的经济周期，现在正处于第 11 轮经济周期中。以 2008 年以后的阶段为例，受到美国次贷危机和国际经济环境恶化的影响，从 2008 年起我国经济周期出现了衰退的趋势，并持续到 2009 年才到达谷底。虽然我国在 2008 年下半年就开始出台一系列对稳定国内市场、恢复消费者信心、提振和扩大内需有积极作用的政策，但由于政策存在滞后性，使得我国经济到了 2009 年才止住下滑，进入强劲复苏阶段。国家统计局公告显示，2009 年 11 月我国 CPI 同比上涨 0.6%，终于结束了将近一年的连

续负增长状态，PPI 降幅进一步收窄，并且 2009 年经济增长“保 8”的目标得到实现。之后，经济形势继续向好，在 2011 年左右，完成复苏，就此完成我国的第 10 轮经济周期。

由于经济活动中存在各种各样的不确定性，市场经济自我调节的过程所产生的波动可能会让经济增长付出较大的代价，这就需要通过宏观调控的逆周期操作抚平波动，以减少周期性所带来的负面作用。因此，无论是哪一个国家，对经济周期及调控策略进行研究都是经济理论研究的重要课题，也是政府宏观调控的基本任务。

2.4　经济周期理论概述

众所周知，经济周期波动始终是经济学研究的一个主要问题。经济周期理论就是要从理论的角度发掘这其中的规律、原因和影响。但经历了几百年的发展，经济周期理论仍然众说纷纭。早期的经济周期理论将经济波动归因于单一因素，并且偏重于用文字描述导致经济周期的原因，如太阳黑子周期、存货周期、固定投资周期、政治周期等。它们认为经济的波动由一些简单的规律支配着，经济存在确定的周期或者是不同长度周期的简单组合，按照周期的时间长短，可将其分为短周期、中周期、中长周期和长周期。

20 世纪 30 年代经济大萧条以后，至 20 世纪 70 年代之前，基于 IS－LM 理论框架的凯恩斯主义经济周期理论一直是宏观经济周期研究领域的主要范式，凯恩斯学派将宏观经济分割为短期波动与长期趋势两类，分别独立探讨，认为以实际 GDP 为代表的短期（1～8 年）实体经济波动是对长期潜在 GDP 趋势的偏离。但随之而来的两次石油危机以及对滞涨现象解释力度的匮乏，使凯恩斯主义受到了以卢卡斯批判为代表的新古典宏观经济学派的质疑。20 世纪 80 年代之后，利用外生实际因素冲击解释经济周期波动根源的真实经济周期理论（Real Business Cycle Theory，RBC 理论）成为新古典宏观经济理论的核心，并占据此后二十多年间周期研究的主导地位（Kydland & Prescott，1982；Nelson & Plosser，1982）。然而，无论是凯恩斯主义经济周期理论还是真实经济周期理论，均忽视了金融摩擦在宏观经济中的作用。2007 年全球金融危机的爆发恰恰暴露了传统经济周期理论因仅重视实体经济波动，过于简化金融市场设定（Woodford，2003）而导致的与现实宏观经济发展脱节的缺陷。本节将主要介绍以下五大流派的经济周期理论：古典主义经济周期理论、新古典主义经济周期理论、凯恩斯主义经济周期理论、新凯恩斯主义经济周期理论以及现代经济周期理论①。

2.4.1 古典主义经济周期理论

对经济周期问题的论述最初始于对经济周期理论的研究，开始于18世纪。当时产业革命让资本主义世界的社会生产快速增长，社会财富激增，但社会需求却增幅不大，甚至严重滞后，出现了严重的产品供给过剩的经济危机，特别是1825年英国爆发的产能过剩的经济危机，使得人们开始关注经济周期理论的相关研究。如何从理论上解释周期性经济危机，如何在现实中解决经济发展中的生产相对过剩问题，就成为当时资产阶级经济学家所面临的一个严肃问题。这期间产生的诸多经济周期波动的学说被统称为“古典主义经济周期理论”。

总的来说，古典主义经济周期理论以研究宏观经济总量的周期性波动为主，多数将经济周期归结为由单一因素引致的外生性周期波动，缺乏系统严谨的理论基础。不过，古典主义经济周期理论为现代货币主义经济周期理论和新古典主义经济周期理论提供了研究基础。下面从外生经济周期理论和内生经济周期理论两方面来介绍。

（1）外生经济周期理论。

外生经济周期理论认为，经济制度以外的因素，如太阳黑子、天体运行、气候变化、政治选举、战争、科学发明和技术进步等因素的变化，导致经济系统要素发生相应变化，导致经济运行的周期性。一般来说，外生经济周期理论包括三种理论学说。

一是农业经济周期理论，以英国的经济学家杰文斯（W. S. Jevons）主张的太阳黑子周期理论为代表②。他经过观察与研究发现太阳黑子的周期性变化会影响气候的周期变化，而这又会影响农业收成，进而带来整个经济的周期性波动。③ 作为最早的经济周期理论，它对现代经济周期理论的研究有比较大的影响，也因此有的学者把外生因素造成的经济波动认为是“太阳黑子”因素

---

① 现代经济周期理论主要介绍货币主义经济周期理论、理性预期理论、实际经济周期理论和信息周期理论。

② 哈伯勒认为经济周期的农业经济周期理论可以分为三个主要观点：一是A. C. 庇古及D. 罗伯逊认为农作物周期并不存在，而把偶然发生的农业产出波动作为造成经济波动的原因；二是W. S. 杰文斯、H. S. 杰文斯和H. L. 穆尔认为农业的周期性波动造成了其他部门经济的周期性波动；三是A. 汉森和J. M. 克拉克认为农业是被动地接受其他部门经济波动的结果而做出反应。

③ 太阳黑子的出现是有规律的，大约每10年出现1次，因而经济周期大约也是每10年1次。

型经济波动[①]，但值得注意的是，在现代工业社会中，太阳黑子对农业生产的影响是非常有限的，而农业生产对整个经济的影响更是有限。因此，这种理论的说服力不高。

二是政治经济周期理论，以诺德豪斯（Nordhaus，1975）主张的政治性经济周期理论为代表。他建立了一个政府行为影响经济周期的机会主义模型。这个模型假设了两类行为人——政治党派和投票人，他们的目标函数是不一样的。如图 2－3 所示，政治党派制定政策会以短期内稳定的菲利普斯曲线作为基础，追求再次当选的预期值最大化，属于典型的机会主义行为。而全部投票人都将通过投票使其基于失业率和通货膨胀率的效用函数最大化。其中最大的假设是投票人不知道失业率与通货膨胀率之间的菲利普斯关系，只根据其达到预期与否来评估执政党的政治能力，即治理失业与通货膨胀的能力。[②] 图 2－4 展现了这一理论的传导影响机制。而这种特殊的经济周期形成机制被很多党派与组织所利用，因此为理性的选民所不齿。同时，这个理论也受到了理性预期学派的攻击，因为理性预期学派的学者认为所有公开的或者精确预期的政策干预都会失败，政府不会这样来影响经济，即使它打算这样做。

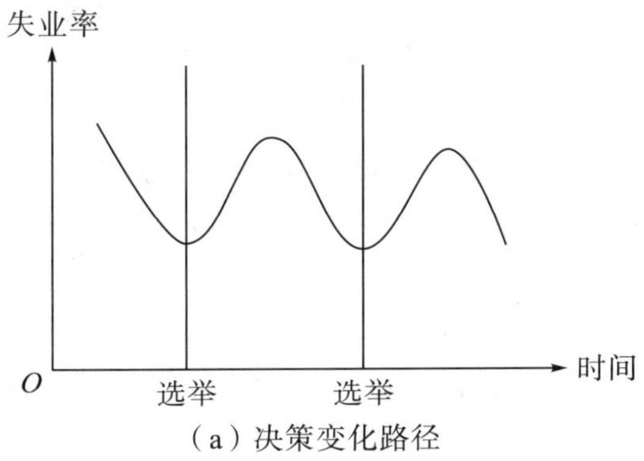

（a）决策变化路径

① MICHAEL P. NIEMIRA，PHILIP A. KLEIN. 金融与经济周期预测［M］. 邱东，等译. 北京：中国统计出版社，1998.

② 胡永刚. 当代西方经济周期理论［M］. 上海：上海财经大学出版社，2002.

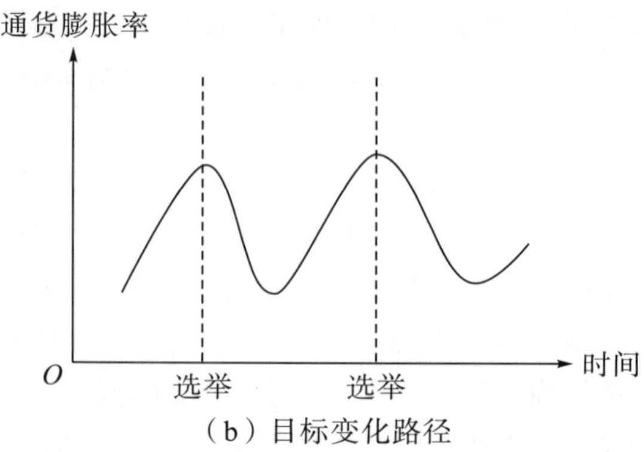

（b）目标变化路径

图 2－3　最优的政治经济周期

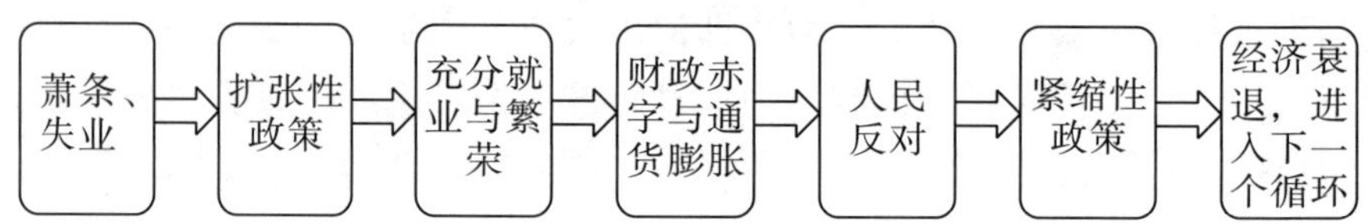

图 2－4　政治周期理论传导机制

三是创新理论，是奥地利经济学家 J. 熊彼特提出的用以解释经济波动与发展的概念。熊彼特认为创新就是建立一种新的生产函数，是企业家实现并实行对生产要素的新的组合，即把一种从未有过的关于生产要素和生产条件的“新组合”引入生产流转①。新组合出现初期，新老组合的共存必然会给创新者提供获利条件。而新技术扩散成为普遍技术时就将形成经济增长的最后阶段——停滞阶段。由于没有新技术创新，将很难刺激投资，进而无法摆脱萧条。换句话说，该理论阐述了创新的传导机制。图 2－5 展现了创新的影响，图 2－6 具体展现了创新引起的“第二次浪潮”，并解释了经济周期波动的四个阶段。

① 熊彼特认为有两条途径可以实现生产要素的新结合：一是进行技术创新，使生产要素比例产生变化，如用机器生产代替手工生产；二是进行制度创新，通过制度创新来激发生产要素更大的生产潜力，如实施员工持股、实行年工资制度等。

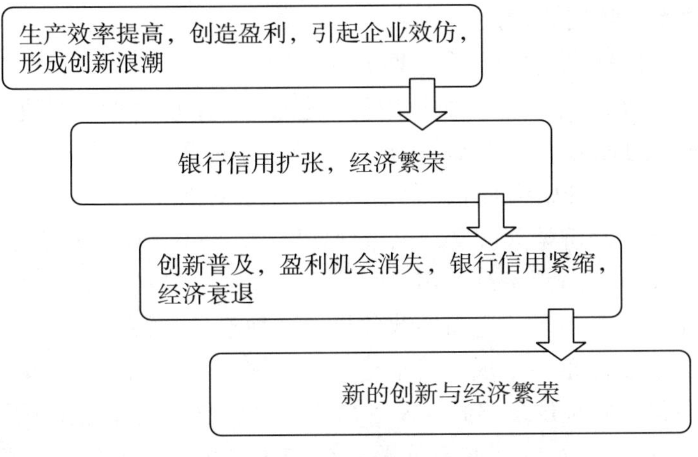

图 2—5　创新对经济周期波动的传导

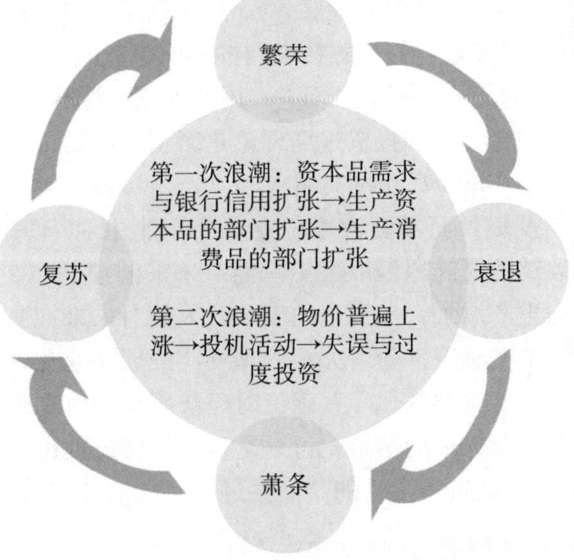

图 2—6　两次创新浪潮产生的影响

（2）内生经济周期理论。

内生经济周期理论主要包含了两方面的理论学说。

一是消费不足理论，是一种历史悠久的理论。早期消费不足理论的主要代表人物有法国的西斯蒙第（Sismondi）和英国的 T. R. 马尔萨斯（T. R. Malthus）。他们最早开始反对生产创造需求、供求必然均衡的古典主义理论。近代代表人物是英国经济学家 J. A. 霍布森（J. A. Hobson）。该理论把经济的萧条与危机归结于社会对消费品的需求赶不上消费品生产的增长，消费品需求不足导致对资本品需求不足，进而导致危机。这种不足又根源于国民收入分配不平等而造成的过度储蓄。出现消费不足主要有三个方面的原因：第一，经济往往不能以工资的形式提供足够的收入（尤其对多数劳动者），工资收入的增长赶不上生产的增长，从而使人们不能购买生产出来的每一件商品；第二，货币（特别是贵金属形式的货币）积压，或者是货币流通速度减缓；第三，收入中用于储蓄的比例过大（特别是高收入阶层），而用于购买消费品的比例太小。但是这种理论有一个很大的缺陷，它只解释了经济周期中危机发生（或者经济萧条）的原因，而未说明其他三个阶段，因而它在周期理论中并不占有重要位置。

二是心理周期理论，它和投资过度理论是紧密相连的。其主要代表人物是英国的庇古（A. C. Pigou）和拉文顿（F. Lavington）等。该理论认为经济的循环周期取决于投资，而投资大小主要取决于业主对未来的预期。具体来说，经济周期性波动的最终原因取决于人们对未来的预期①，人们对未来抱乐观态度，则投资和生产增加，经济走向繁荣；人们对未来抱悲观态度，则投资和生产下降，经济走向衰退。随着公众心理反应的周期变化，经济也就会呈现周期性波动。心理周期论与其他一些理论对经济周期的解释是可以相容的。比如，由“乐观错误”所导致的结果，可以是货币投资过度论的“投资过度引起资本不足”，也可以是消费不足论的“储蓄过度引起消费需求不足”等。

2.4.2 新古典主义经济周期理论

新古典主义经济周期理论起源于 19 世纪 70 年代，随着经济理论中边际分析与效用理论的引入，资源和商品价格的确定问题得到了解决。新古典主义经济周期理论属于一般竞争性均衡理论。一般来说，新古典主义的政策主张与经

① 心理周期理论并不认为心理因素是一个独立的因素，但在解释形成经济周期波动的诸因素时，强调心理因素所起的附加性的加强作用。该理论认为，在经济周期波动中，人们在对其他因素做出反应时，由于心理因素而使这些反应变得更为强烈，也就是加强了这些反应的强度。由于这些反应被加强，从而变成“超常”反应，导致“乐观下的错误”或“悲观下的错误”。

济认识和古典主义是一样的，这一理论把经济波动的原因归结于经济受到的随机冲击，在整个经济中所有商品和服务的价格和数量是相互决定的，不论是局部冲击还是全局冲击，都将使经济出现波动，而连续性单向冲击或者一次性重大冲击，则使经济出现持续波动。冲击的影响过后，经济又将恢复到平衡增长道路上去。

新古典主义经济周期理论分为两种，即纯货币理论和投资过度理论。

（1）纯货币理论。

纯货币理论（Pure money theory）把经济周期看作一种货币现象，认为经济周期波动是由银行货币和信用波动造成的。其主要是由英国经济学家霍特里（R. Hawtrey）在1913—1933年的一系列著作中提出的。

具体而言，如图2—7所示，该理论认为货币供应量和货币流通度直接决定了名义国民收入的波动，而且极端地认为，经济波动完全是由于银行体系交替地扩张和紧缩信用所造成的，其中，短期利率起着重要的作用。换句话说，银行贷款利率的下降会引起商人扩大贷款进行商品存货投资，进而引起对商品需求的上扬，增加产出和就业，也就导致了经济扩张。而银行贷款储备不足时，利率上扬将会产生相反的影响，也就是导致经济的衰退。因此，纯货币理论认为，货币数量的增减是经济周期性波动的唯一充分的原因。现代货币主义者在分析经济的周期性波动时，几乎一脉相承地接受了霍特里的观点。但应该明确肯定的是，把经济形式周期性的原因唯一地归结为货币数量的增减是欠妥的。

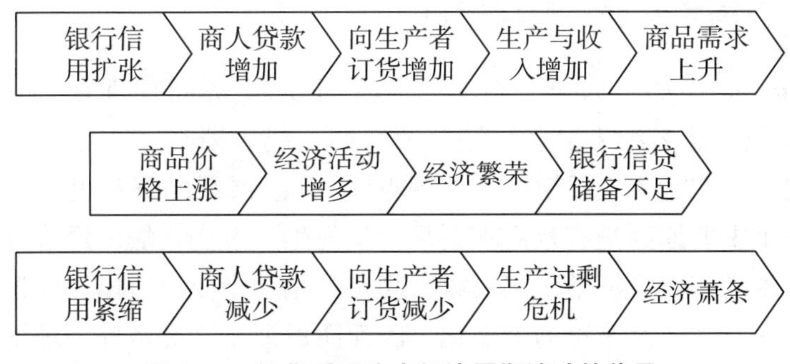

图2—7　纯货币理论中经济周期波动的传导

（2）投资过度理论。

投资过度理论是哈伯勒在《繁荣与萧条》中提出的经济周期理论。该理论从投资角度分析经济周期的形成，认为经济衰退是由于投资过多而不是过少，经济的周期性循环归因于投资过多。所谓投资过多，是指资本品部门的发展超过了消费品部门，即与消费品生产相比，资本品的生产有了过度的发展。如图2—8所示，由于投资过多，与消费品生产相对比，资本品生产发展过快。资本品生产的过度发展促使经济进入繁荣阶段，但资本品过度生产从而导致的过剩又会促进经济进入萧条阶段。

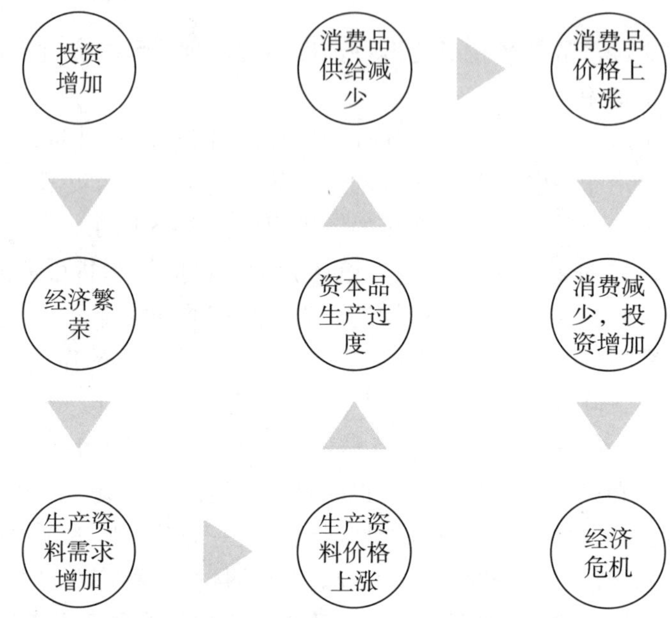

图2—8　投资过度理论中经济周期波动的传导

2.4.3　凯恩斯主义经济周期理论

1929—1933年的“大萧条”为凯恩斯主义经济周期理论铺就了道路。1936年现代英国著名经济学家约翰·梅纳德·凯恩斯在《就业、利息和货币通论》中提出并明确了凯恩斯主义的观点[①]。在凯恩斯的逻辑里，资本主义发生危机的一个重要原因是有效需求不足，从而生产过剩，爆发经济危机。

凯恩斯主义宏观经济学以国民收入决定理论为中心，所以，就把经济周期理论作为国民收入决定理论的动态化。因而凯恩斯主义经济周期理论具有以下特征。

---

① 经济周期的基本特征，特别是能使我们称它为周期的时间过程和时间长短的规律性，主要是由于资本边际效率的波动而形成的。经济周期最好被当作系由资本边际效率的周期性的变动所造成。当然，随着这种变动而到来的经济制度中的其他重要短期变量会使经济周期的情况变得更加复杂和严重。

第一，国民收入的水平取决于总需求，因而引起国民收入波动的主要原因仍然在于总需求。

第二，凯恩斯主义经济周期理论是以投资分析为中心的，由分析投资变动的原因来探讨经济周期形成的原因、过程和影响。从现代经济学对消费的经验成果来看，消费在长期中是相对稳定的。消费中的短期变动，尤其是耐用品的消费变动，对经济周期有一定的影响，但并不是主要原因。政府支出是一种人为控制的因素，净出口所占的比例很小。这样，经济周期波动的原因就在于投资的变动。也就是说，经济周期形成的主要原因还在于投资的变动。

第三，凯恩斯主义经济周期理论都是从凯恩斯关于国民收入决定的分析出发的，但分析的方法与角度不同。

凯恩斯主义认为有三大心理规律影响着人们的消费与投资，从而导致了有效需求不足现象的出现。

（1）边际消费倾向递减规律。

人们的收入增加可以刺激消费的增加，在收入增加的初期、中期，收入增加与消费增加成正比，即收入增加，消费增加，消费热情增高。但收入增加到一定程度后，即在中后期，收入增加的幅度大过消费增加的幅度，收入与消费不成正比，消费热情减少。

（2）资本（投资）的边际效率递减规律。

与边际消费倾向递减规律相类似，投资初期、中期收益与投资比例成正比，投资收益增加，投资热情高涨，而中后期，投资比例与收益不成正比，投资收益率下降，投资热情减少。

（3）流动性偏好规律。

所谓流动性偏好，就是人们在心理上，对持有现金存在偏好。人们心理上偏好现金是因为三个动机：第一，交易动机，方便日常生活开支；第二，谨慎动机，预防意外，存留现金；第三，投机动机，为了寻求更大的收益，留现金，以备随时调用。

凯恩斯主义在经济周期方面，强调资本边际效率的剧烈变动会引起经济危机及周期变化。不难看出，凯恩斯主义经济周期理论的某些观点属于前面介绍的消费不足理论和心理周期理论。凯恩斯的追随者在凯恩斯主义经济周期理论基础上又提出了新的经济周期理论模型，主要有三种：卡尔多经济周期模型、乘数—加速数经济周期模型和希克斯经济周期模型。这三种模型都是从凯恩斯的国民收入决定理论出发来说明经济波动的。

（1）卡尔多经济周期模型。

卡尔多经济周期模型可以看成是凯恩斯国民收入决定模型的一个延伸。在国民收入决定理论中，为了分析的便利，我们假设投资只取决于利息率，它是利息率的减函数。事实上，投资不仅仅取决于利息率，还取决于国民收入。一般来说，收入越高，投资也就越多；反之，收入越低，投资也就越少。在这里，卡尔多引入了非线性的投资函数，并且认为投资 I 不仅取决于收入 Y，而且取决于现有的资本存量 K，换句话说，$S = S(Y,\bar{K})$，$I = I(Y,\bar{K})$，其中 S 为储蓄。

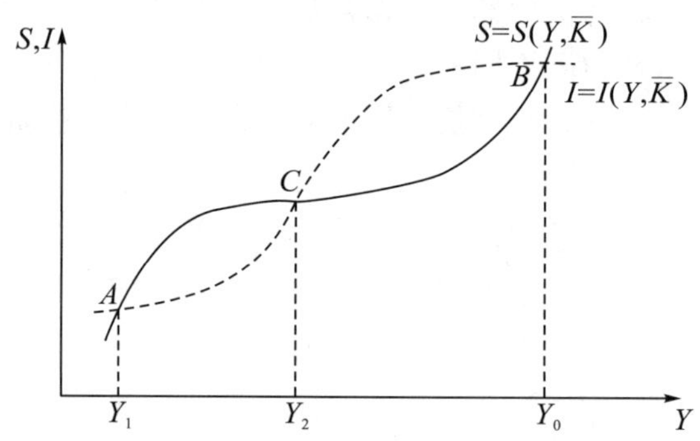

图 2—9　卡尔多经济周期波动曲线

因此，如图 2—9 所示，对于储蓄而言，在 Y 较小时，经济处于衰退，人们就会减少储蓄，力图维持以前的生活水平，所以，此段曲线下降较快，即较陡；相反，在 Y 较大时，经济走向繁荣，人们的储蓄不仅增多，而且占收入的比例也越来越大，所以，此段曲线上升较快，即较陡。而对于投资而言，在 Y 较小时，生产能力大量过剩，人们极度悲观，即使 Y 有点上升也刺激不了投资的积极性，所以，此段曲线较为平坦；在 Y 较大时，生产能力已近于充分利用，进一步的投资无用武之地，所以，此段曲线也较平坦。图中，A、B、C 三点代表了三个均衡的收入值。收入低于 Y_1 或在 Y_2 与 Y_0 之间时，投资大于储蓄，这时国民收入有提高的趋势；当收入在 Y_1 和 Y_2 之间或大于 Y_0 时，储蓄大于投资，收入有下降趋势。所以，C 点是不稳定点，收入水平也就不是一个稳定收入水平。如果 Y 在 Y_2 与 Y_0 之间，它将提高到 Y_0；如果 Y 在 Y_1 与 Y_2 之间，它将下降到 Y_1。这样看来，只有在高收入均衡点 C 或低收入均衡点 A，经济才能是稳定的。

卡尔多认为资本存量的变动必然会使投资曲线和储蓄曲线发生变动，这一变动是由于资本和投资的边际收益的变化而产生的，进而产生了经济周期波动。卡尔多所描绘的经济周期理论就是这样一种由经济内部力量的作用而产生的波动。它是由于国民收入和资本存量间相互的消长而产生的，是经济发展中所固有的一种力量。由卡尔多周期模型我们可以知道：第一，经济周期现象是经济系统所固有的，因而，政策可使萧条推迟，但不能使其消除；第二，经济周期的长短取决于储蓄曲线和投资曲线移动的速度；第三，经济周期的振幅取决于储蓄曲线和投资曲线的形态。

（2）乘数—加速数经济周期模型。

在经济周期理论中影响最大的是乘数—加速数经济周期模型。加速原理是建立在生产设备与资源都充分利用且没有闲置的假定前提下。加速具有双重含义，当收入或产量增加时，投资的增长是加速度的；反之，当收入或产量停止增长或减少时，投资的减少也是加速度的。这一模型先后经哈罗德、萨缪尔森、希克斯的发展而得以完成。

哈罗德在凯恩斯储蓄—投资分析的基础上，把乘数原理和加速原理结合起来解释经济周期，提出了乘数—加速数经济周期模型的原始形式。哈罗德认为乘数和加速数的共同作用最终会造成消费—投资—国民收入之间的连锁反应，从而引起经济危机。后来，萨缪尔森将凯恩斯的国民收入决定模型动态化，即引入时间因素，得到：

$$Y_t = C_t + I_t + G_t$$

$$C_t = cY_{t-1}$$

$$I_t = a(C_t - C_{t-1})$$

解得：

$$Y_t = cY_{t-1} + ac(Y_{t-1} - Y_{t-2}) + G_t$$

上式说明，t 期的国民收入（Y_t）是由乘数（c）、加速数（a）、前期国民收入（Y_{t-1}）与再前期的国民收入（Y_{t-2}）以及 t 期的政府支出（G_t）所决定的。如果前两期的国民收入和政府支出既定，则 t 期国民收入取决于乘数（c）和加速数（a）。可见，乘数和加速数的共同作用，决定了国民收入及其波动的情况。如果乘数（c）和加速数（a）是既定的，则 t 期国民收入取决于以前的国民收入。

在萨缪尔森的模型中，即使乘数和加速数保持不变，也会由于它们之间的相互作用而产生经济周期性的波动。乘数和加速数的相互作用实际上也就是消费、投资和国民收入之间的相互作用，是经济体系本身的一种内在机制作用的结果，外生变量只有通过内生变量才能影响经济波动。这就表明，在经济依赖本身的内在机制自发调节的情况下，经济产生周期性波动是正常、必然的。

（3）希克斯经济周期模型。

希克斯对萨缪尔森模型进行了修正和补充，把用加速原理分析投资的哈罗德模型和经济周期理论联系起来，用精确的乘数—加速数模型系统地说明了经济周期。西方经济学界也称其为“萨缪尔森—希克斯模型”。

希克斯认为，社会经济中商品与劳务实际总量的波动表现为一种沿着增长或趋于上升路线而上下运动的状态。他提出了经济周期波动的上限和下限的概念（如图 2−10 所示）。周期上限是指收入或产量不论怎样增加都不会超过的界限。周期下限是指收入或产量不论怎样减少或下降，都不会再下降的界限。周期上限取决于社会已经达到的技术水平和一切生产资源可以被利用的限度，周期下限取决于社会总投资的特点和加速原理作用的局限性。

经济发展呈现出一种有规律性的 7～10 年的周期性波动，增幅振荡是经济周期的基本形式，经济周期性波动是以经济增长为背景的，经济是在波动中增长的。希克斯经济周期理论用图 2−10 表示如下：AA 表示自发投资，有正斜率，是增长的动力，随时间推移而增长，CC 与 FF 表示周期上限和周期下限，EE 为均衡增长线，在乘数和加速数交互作用下，收入（Y）或投资（I）围绕 EE 上下波动。图中表现为 $a-b-c-d-e$ 的波动轨迹。

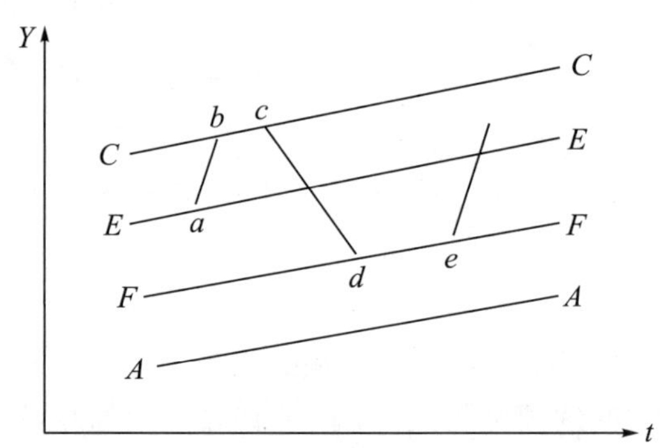

图 2−10　希克斯经济周期的上限与下限

但传统凯恩斯主义经济周期理论对经济周期理论的诠释尚存不足。首先，传统凯恩斯主义经济周期理论对经济周期的诠释缺乏微观基础，在理论上难以同传统的微观经济学保持一致；其次，传统凯恩斯主义经济周期理论最有争议之处在于，难以应对实际经济运行中出现的经济增长停滞与通货膨胀并存（滞胀）的问题。

2.4.4 新凯恩斯主义经济周期理论

针对传统凯恩斯主义在诸多理论方面存在的问题，20 世纪 80 年代，新凯恩斯主义经济周期理论从微观出发，继承了传统凯恩斯主义经济周期的基本思想——市场出清，同时吸纳了其他学派的一些思想，进一步完善了凯恩斯学派的理论基础与政策主张。换句话说，他们之间的不同之处在于在短期总供给曲线中新凯恩斯主义经济周期理论强调“以理性代理人、灵活的制度、不完全信息和非完善市场为主要因素的信息研究方法”，以价格与工资的黏性理论为基础，通过总需求来解释经济的短期波动，通过总供给来解释经济的长期趋势，最终基于价格调整理论来解释经济波动短期到长期的发展过程，从而弥补了传统凯恩斯主义经济周期理论缺乏微观基础的不足。新凯恩斯主义经济周期理论大体包含了以下六类理论。

（1）成本价格调整理论。

成本价格调整理论又被称为菜单成本理论。该理论认为，价格变动要考虑调整价格的机会成本。一旦存在调整成本，就会导致名义价格出现粘性，进而引起宏观经济周期性的波动。

具体而言，该理论有三个代表性理论。一是曼昆（N. Gregory Mankiw）在 1985 年提出的菜单成本理论。该理论假设市场处于非竞争市场，因此价格具有粘性，从而能引起经济出现较大幅度的波动。在这种情况下，政府可以通过调整工资、价格和收入政策等来避免经济大幅波动。二是阿克洛夫（George Akerlof）和耶伦（Ianet Yellen）在 1989 年建立的近似理性经济周期模型，基于该模型他们发现如果厂商采用次优方式来调整价格，总需求的冲击将引起产出和就业的巨幅波动。并且由于名义货币量供给的变化在短期是非中性的，因此货币政策能够影响产出和就业。三是鲍尔（Laurence Ball）和罗默（David Romer）在 1990 年提出的实际刚性和货币非中性论。他们解释了名义工资和名义价格有粘性的原因，并提出名义量的变动会引起较大的经济波动。

（2）工资和价格交错调整理论。

工资和价格交错调整理论以理性预期为假设前提，从价格调整和工资调整的角度阐明了价格和工资出现黏性的原因，并发现一旦出现粘性，总产出和就业量就会发生波动。并且还说明，政策在经济运行中的作用比较积极，不仅能够改变经济的名义量，还能够改变经济的实际量。劳伦斯（Laurence Ball）和斯提芬（Stephen G. Cecchetti）在 1988 年提出的价格交错调整理论说明在不完全信息的约束下，寡头或者垄断竞争厂商采用交错方式调整价格是一种近似理性的价格调整行为，能够改进社会的福利，但是将导致价格总水平变动产生惯性，进而恶化经济周期波动。泰勒（John B. Taylor）在1979年提出的工资交错调整理论说明，在短时期内不论是通过合同机制还是理性预期机制来稳定工资水平，都会导致通货膨胀与失业并存，是对理性预期学派忽视短期动态分析的一种补充。

（3）不完全竞争理论。

不完全竞争理论通过说明不完全市场的无效性和总需求的外生性，认为经济因素是经济周期波动的原因。它主要包含了三个主要的理论。一是垄断竞争和总需求波动理论。它说明了总需求的外生性和菜单成本的存在将使总需求影响产出和福利，以及政府的政策是有效的，货币政策能够提高总产出和增加社会福利。二是曼昆在不完全竞争等理论的基础上建立的具有微观经济基础和非一般均衡特征的总收入决定模型，对财政政策的影响以及福利进行分析。三是罗伯特·霍尔（Robert E. Hall）在1986年提出的市场结构与宏观经济波动理论，该理论通过实证分析揭示了市场结构和宏观经济的相互关系。

（4）市场协调失灵理论。①

市场协调失灵理论认为，虽然单个经济人有一定的市场影响力，但是不足以影响整个经济系统，使得市场经常处于失灵状态，只有国家干预能消弭失灵，减少经济波动。这里主要包含了三个主要的理论：一是布赖恩特（Bryant）在1983年提出的不完全信息和协调失灵理论；二是戴蒙德（Diamond）提出的交易搜索和协调失灵理论；三是罗素（Russell Cooper）和安德鲁（Andrew John）提出的市场对策和协调失灵理论②。

（5）信贷市场理论。

信贷市场理论假设非市场出清，并论证了非出清信贷市场的无效性，认为政府能有效地修正信贷市场的失灵，从而减少经济的波动。新凯恩斯主义信贷市场论的两个代表性理论是信贷配给论和金融崩溃论。信贷配给论分析了利率和贷款抵押的选择效应，说明在不完全信息信贷市场中存在多重均衡，此时可能存在信贷配给。曼昆在1986年提出的信贷配给论和金融崩溃论认为，在一个自由放任的信贷市场中，存在无效的均衡和风险性，政府的干预政策能够改善无效率的均衡状态，降低市场风险。

---

① 这是新凯恩斯主义经济周期理论为解释非市场出清而提出的一种理论。

② 与前面所述的以不完全竞争为基础的市场失灵论相比，该理论是一个更为一般性的研究市场失灵的理论。该理论是前两种协调失灵理论的发展，运用它能说明前两种协调失灵理论的联系和区别。

（6）产品市场理论。

产品市场理论基于微观的角度扩展了实际价格粘性理论，它阐释了厂商定价行为和消费者的心理因素及其行为对价格粘性的影响。它也假设非市场出清，并进一步认为产品市场是非出清的市场，具有非瓦尔拉斯特征。它主要包含了三方面内容：在厂商理性预期条件下，工资和价格为何处于市场非出清水平；边际成本随产量递增，边际成本是顺周期的，价格是反周期的，不完全竞争市场在经济周期中起到基本的作用；总供给和总需求的冲击将引起经济扰动，而经济中的摩擦和不完全性（表现为粘性）会放大这种扰动，最终导致实际总产出与就业率的波动。

2.4.5 现代经济周期理论①

从 20 世纪 70 年代开始，凯恩斯主义经济周期理论在通货膨胀和失业面前失去了其效用，经济学家开始对凯恩斯经济学理论进行批判。大多数经济学家认为凯恩斯主义的政策建议均是针对大萧条时期的，政府支出和税收的变化才是避免经济衰退和通货膨胀的充要条件。而部分凯恩斯学派也提出政府应实行反周期的货币政策②，倡导对经济进行更大的干预，反对保守经济学家的自由市场观点。在这个时期，除了新凯恩斯主义经济周期理论外，还诞生了几种古典经济学的经济周期理论，分别为货币主义经济周期理论、理性预期理论和实际经济周期理论等。

（1）货币主义经济周期理论。

货币主义经济周期理论起源于 20 世纪五六十年代，主要代表人物为美国芝加哥大学的弗里德曼。古典经济学认为货币短时期能影响产出和就业水平，但长期来看是中性的。与凯恩斯主义经济周期理论相比，货币主义经济周期理论认为财政政策不能改变社会总需求水平，政府需要增加相应数量的税收才能增加政府支出，私人需求由于税收的提高而降低，而政府支出中投资部分的增加会使利率上升，利润率下降，导致私有投资被挤出。由此，货币主义经济周期理论认为政府支出不会造成经济波动，货币政策的变化才是经济波动的原因。中央银行过度的货币供给会引起通货膨胀，结果只能实行紧缩的货币政策来消除通货膨胀，从而引起了经济衰退。中央银行应该稳定货币供给增长率，

① 除了书中介绍的几个经济周期理论以外，目前新发展起来的经济周期理论还有国际经济周期理论、混沌周期理论等，这些在本书中就不再一一介绍。

② 该政策可以平滑利率波动，同时刺激投资。

该增长率应等于经济处于均衡状态下，即充分就业水平下的稳态增长率。

（2）理性预期理论。

理性预期理论也称为适应性预期论，它指出经济参与者会根据货币供给的变化调整他们的通货膨胀预期，经济对货币供给量的变化有时滞性。巴罗和卢卡斯提出了更为激进的理性预期理论，此理论发展于20世纪70年代。这个理论与货币主义经济周期理论的假设是一致的，也认为经济基本上是稳定的，但该理论注重研究货币政策的变化对经济产生的影响。根据理性预期理论，只有当货币政策的改变完全没有被预期的情况下，经济参与者才会改变实际投资和实际需求，经济波动唯一的原因是货币政策中无法预期的部分，私有经济本身依据萨伊定律不会产生波动。

（3）实际经济周期理论。

实际经济周期理论始于20世纪80年代。实际经济周期理论继承了货币主义经济周期理论和理性预期理论的假设，并提出了技术变化因素和其他经济的外生冲击因素，该理论与实际经济周期理论更为接近。实际经济周期理论认为在竞争性条件下，价格会迅速调整到市场出清水平。因此，其假设市场和经济通常是处于均衡状态的，认为理性预期假设中货币和财政政策不能改变经济的实际规模，所以经济波动的干扰因素只能是技术冲击。技术冲击包括石油等重要原材料的价格变化、商品偏好的改变和劳动力提供量的改变，这些会影响资源、商品和服务的总供给水平。

古典经济周期理论对凯恩斯主义经济周期理论提出了批评，认为在理论上凯恩斯主义经济周期理论违反了理性经济代理人基本微观假设，其以卢卡斯的批判为代表。古典主义经济理论认为市场出清则经济均衡，但实际经济周期理论中理性的最大化行为假设无法解释在连续出清市场经济中的经济波动。在意识形态、经济哲学和政治偏好水平上，实际经济周期理论被现实经济中政府的干预所困扰，他们认为经济是稳定的，所以认为政府干预是不必要和不明智的，目前经济学家正在市场自我出清和政府干预中努力寻找平衡点。

（4）信息周期理论。①

信息周期理论是最新的经济周期理论之一。1994年，希伯来大学教授蔡拉最先证明了在一个可导的经济系统中，在信息寻找投资机会的动态均衡中，能够产生出投资和产出周期，其中投资和产出周期就等于信息周期，这个结论

① 谭屹然，石柱鲜，赵红强，等. 论经济周期与信息周期理论［J］. 现代情报，2010（12）：32-35.

对单独经济部门和经济整体都成立。随后蔡拉提出了信息周期概念：因市场需求信息重复不断地变化，产出和投资表现出重复的周期现象。所以信息周期是由投资者需求信息的变化导致的，从需求的产生到资金投入，再到产出并获得收益。也有学者把信息周期定义为：信息从需求到收集、整理、存储、传递、利用、发布的过程。因为投入与产出的周期波动与信息的周期波动一致，所以要想分析实体经济的波动周期，只需求出信息的波动周期。蔡拉的信息周期理论为计算经济周期提供了一种全新的方法。计算信息周期的关键是对信息进行测量，对信息定性测量的常用方法有：波拉特法、信息化指数法、七国信息化指标体系法、国际数据通信公司的信息社会指标法、信息利用潜力指数法、三因子多参数法等。所有的这些方法都是在波拉特法的基础上，依据具体分析情况调整权数得到的。波拉特法是最早使用的方法，它从经济角度衡量社会信息化程度，将信息产业增加值在国民生产总值中所占比率和信息劳动者在总劳动力中所占比率，作为测度信息化水平的具体指标，来计算社会信息化程度。其中，国民生产总值表示社会最终消费及使用的商品及劳务的总量，增加值表示的是在生产商品和提供劳务的过程中所增加的价值，包括固定资产折旧，但是不包括中间消耗的物质产品和服务价值。

第3章

改革开放四十周年经济发展历程

3.1 内部经济发展历程

我国自1978年实施改革开放以来，随着社会主义市场经济体制的不断改革和完善，我国改革开放大体经历了以商品市场为主和推进要素市场建设为主的两大历史阶段。

1984年，中共十二届三中全会做出了进行经济体制改革的决定，我国经济体制改革的重点开始由农村转移到城市。1987年，中共十三大报告提出"国家调节市场，市场引导企业"的经济运行机制。1988年4月，第七届全国人民代表大会第一次会议通过了《中华人民共和国宪法修正案》，确定了私营经济的法律地位和经济地位。1992年，中共十四大明确提出建立社会主义市场经济体制的改革目标，肯定了市场对资源配置的基础性作用，提出要"以公有制包括全民所有制和集体所有制为主体，个体经济、私营经济、外资经济为补充，多种经济成分长期共同发展"。随后在1993年11月，中共十四届三中全会通过了《中共中央关于建立社会主义市场经济体制若干问题的决定》，把十四大提出的经济体制改革的目标和基本原则加以具体化，制定了社会主义市场经济体制的总体规划。

1997年，中共十五大报告提出，加快国民经济市场化进程，要充分发挥市场机制作用，健全宏观调控体系，继续发展各类市场，进一步发挥市场对资源配置的基础性作用；确立以公有制为主体、多种所有制经济共同发展，是我国社会主义初级阶段的一项基本经济制度；确认非公有制经济是我国社会主义市场经济的重要组成部分，对个体、私营等非公有制经济要继续鼓励、引导，使之健康发展。2005 年 8 月，《国务院关于鼓励支持和引导个体私营等非公有制经济发展的若干意见》正式发布，该文件为“十一五”期间民营经济发展奠定了政策基础。2013 年党的十八届三中全会通过的《中共中央关于全面深化改革若干重大问题的决定》进一步指出，必须毫不动摇鼓励、支持、引导非公有制经济的发展，激发非公有制经济的活力和创造力。

随着改革政策的发布，我国经济的市场化进程不断推进，逐步建立起了以公有制为主体，其他所有制经济共同发展的社会主义市场经济体系，为我国经济带来了深远的影响。

3.1.1 生产力水平

改革开放四十年来，我国经济总量飞速发展，如图 3－1 所示，GDP 从 1978 年的 3678.7 亿元增长至 2017 年的 82.7 万亿元，经济增长规模高达 224 倍。其中，在 1986 年首次突破 1 万亿元，此后耗费 5 年时间在 1991 年突破 2 万亿元，之后增长迅猛，仅用 2 年时间就在 1993 年达到 3 万亿元左右，在 2000 年突破 10 万亿元。2001—2003 年，平均每年增长 1 万亿元，2004—2006 年，增长量翻番，以平均每年约 2.5 万亿元的速度增长，并在 2006 年突破 20 万亿元大关。2006 年之后，更是以每两年约 10 万亿元的速度增长，在 2017 年达到 82.7 万亿元。

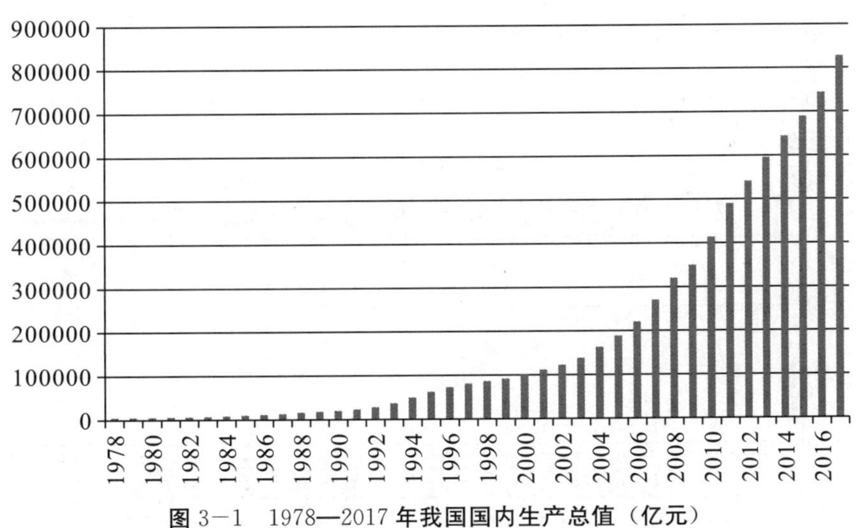

图 3－1　1978—2017 **年我国国内生产总值（亿元）**

数据来源：国家统计局、中经网统计数据库。

随着我国经济总量的不断增加，我国在世界经济中的地位不断上升，对世界经济增长的贡献程度也在不断上升。我国的GDP总量在2006年超过英国，从第五位变为第四位，在世界GDP中占比5.49%；在2007年超过德国变为第三位，在世界GDP中占比6.26%；在2010年超越日本，在世界GDP中占比9.39%，成为全球第二大经济体，并持续至今。而世界银行2017年公布的2015年全球各国GDP占比的数据显示，GDP总量排名第一的是美国，其名义GDP为18.0万亿美元，在世界74万亿美元中，占比24.3%，而我国为11.0万亿美元，占比14.8%，位居第二，是目前为止全球经济体中仅有的GDP总量超过10万亿美元的国家之一。

中国实施改革开放以来与世界经济的融合度越来越高，经济发展进入新常态，虽然近年增速有所减缓，但依旧保持着中高速的增长率，是世界经济增长的一大动力。由图3－2可以看出，自我国1978年对外开放以来，GDP年增长率普遍高于世界GDP年增长率。据统计，1978—2017年，我国的GDP年平均增长率为9.59%，而同期世界GDP年平均增长率仅为2.93%，无论是从高经济增速的持续时间还是增长速度都创造了世界新记录。2011年至2015年，以2010年美元不变价计算，我国经济增长对世界经济增长的年平均贡献率达到30.5%，成为全球经济增长的第一大动力。若按照2015年美元价格计算，我国的年平均贡献率可能更高。截至2017年1月，我国对世界经济增长的年平均贡献率超过30%，成为金融危机后世界经济复苏的主要动力。

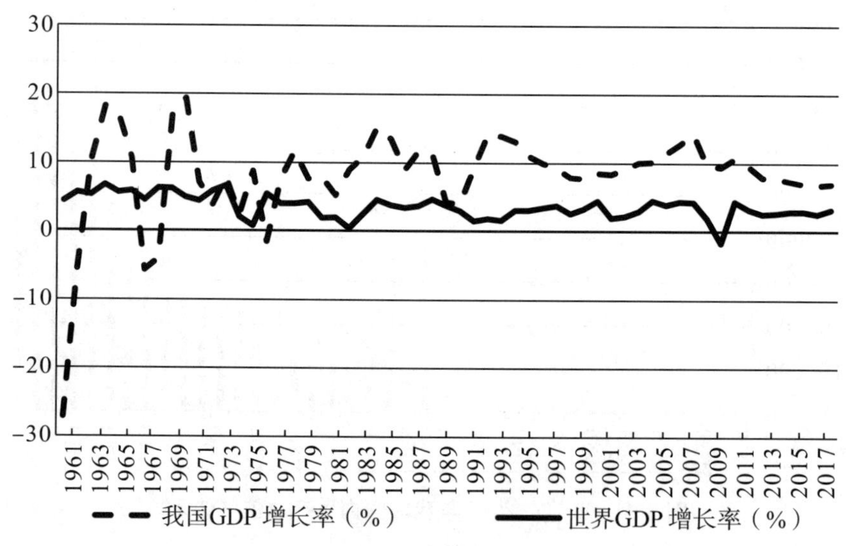

图3－2　1961—2017年我国与世界GDP年增长率对比

数据来源：国家统计局、中经网统计数据库。

由图3－3可以看出，我国的人均GDP也在不断提高，1978—2017年，我国成功实现了从低收入国家进入中高等收入国家的跨越。我国1978年人均GDP约为385元人民币，相当于156.4美元，依照世界银行的评定标准，此时的我国人均国民年收入低于1045美元，属于低收入国家；在2001年达到8717元人民币，相当于1053.1美元，突破1000美元，进入中低收入国家。此后十年间，我国人均GDP平均每年增加3000元人民币左右，在2010年达到30876元人民币，达到中高收入国家水准。2017年，我国人均GDP达到59660元人民币，相较于1978年增加了154倍。尽管我国人均GDP水平依旧低于世界平均水平，2016年我国的人均GDP水平相当于2009年的世界人均GDP水平，但不可忽视的是我国人均GDP增速强劲，平均年增速为8.6%，而同期世界人均GDP年平均增速仅为1.4%，我们与世界平均水平的差距正在逐渐缩小。

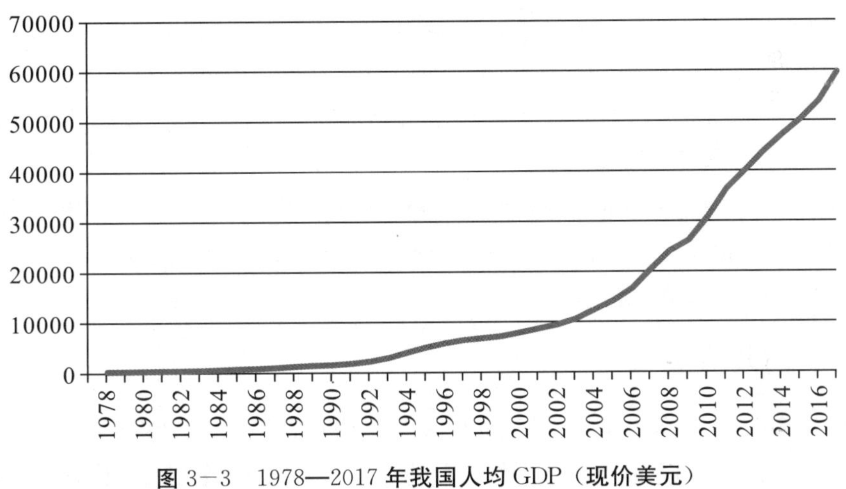

图3－3　1978—2017年我国人均GDP（现价美元）

数据来源：国家统计局、中经网统计数据库。

3.1.2　需求结构

消费、投资和出口是拉动经济增长的三驾马车。由图3－4可以看出，在我国，消费对经济增长的贡献率在波动中不断下降。改革开放初期，投资和对外开放程度较低，消费对经济的增长贡献较大，但波动较大，在1990年达到最大值，之后呈现下降的趋势；20世纪末21世纪初，消费对经济的贡献达到第二个高峰值；我国加入WTO之后，消费需求对经济的贡献不断下降；次贷危机之后，我国不断强调内需拉动经济增长，弥补了外需的不足。投资对经济的贡献率波动较大，甚至在1981年、1989年和1990年达到负值。加入WTO之后，我国不断引进外资，投资对经济增长的贡献率波动上升，但幅度相比之前较小。出口净额对经济的贡献波动上升，在1990年达到最大值82.9%，之后不断下降。次贷危机之后，出口对我国经济的拉动成为负值。总体而言，我国的需求在不断改善，但结构不稳定，波动性较大。

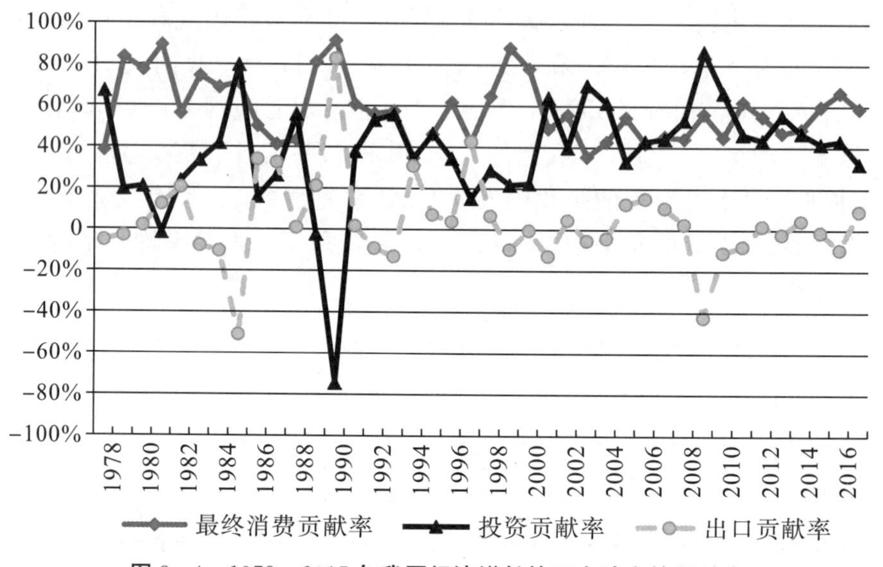

图3—4　1978—2017年我国经济增长的三大动力的贡献率

数据来源：国家统计局、中经网统计数据库。

3.1.3　财政情况

由图3—5可以看出，我国财政收入明显增长，平均年增长速率为14.5%，政府的财政能力不断加强，能更好地处理各方面物质利益关系、优化资源配置和协调分配关系。1978年我国财政收入为1132.26亿元，1985年财政收入增长速率高达22%，在1978年的基础上翻了将近一番，达到2004.82亿元。1993年再次翻番，达到4348.95亿元，并从此开始了长达20年的高速增长，其中每年的财政收入增长速率均在10%以上，在2013年达到129209.64亿元。2014—2017年财政收入的增长速率有所下降，但年平均增长速率依旧保持在6.58%的水平。财政收入的增加对我国科、教、文、卫事业的发展，人民生活水平的提高，国民经济发展，资源配置优化意义重大。

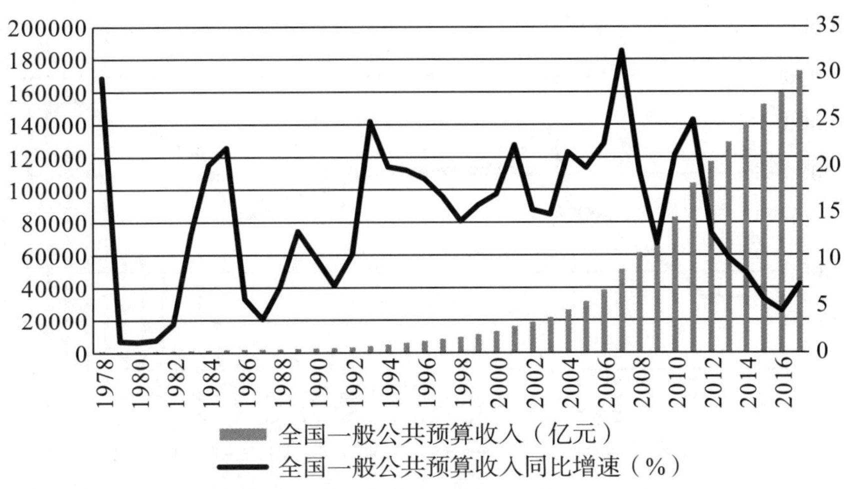

图 3－5　1978—2017 **年我国财政收入情况**

数据来源：国家统计局、中经网统计数据库。

3.1.4　金融市场

由图3－6可以看出，我国金融行业起步较晚，但每年金融行业的增加值都在不断攀升，其为国民生产总值增长的贡献度也在不断上升。1978年我国国内生产总值共增加3678.7亿元，其中金融行业的贡献度为2.1%，增加值为76.5亿元。1978—2006年间，金融行业增加值缓慢而平稳地增长，其在总体经济中的占比平均为4.2%，直到2007年，金融行业的增加值首次突破1万亿，达到15173.7亿元，此后金融行业增加值对总体经济的贡献度触底反弹，进入了一个高速增长的阶段，从2007年的5.6%上升到2016年的8.2%。但随着我国对金融风险的把控与监管逐渐加强，金融行业也逐渐回归到服务实体经济的本质中，2017年第二季度金融行业增加值占第二季度GDP的比重为8.13%，相较第一季度下降1.39%，同时也低于2016年全年8.2%的水平。总的来说，改革开放以来，我国金融行业作为现代经济的核心得到了快速发展，金融产能也在大幅扩张，同时我国遵循着稳中求进的原则，围绕实体经济防控金融风险，深化金融改革。

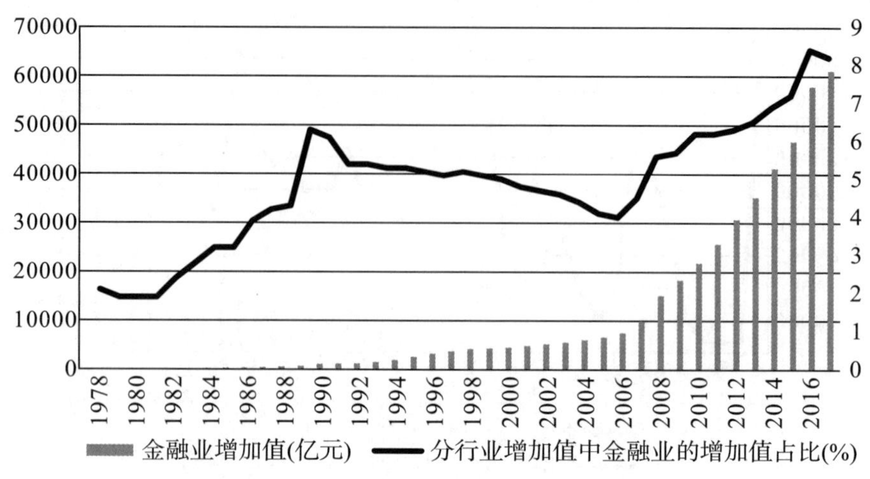

图 3－6　1978—2016 年我国金融业发展情况

数据来源：国家统计局、中经网统计数据库。

3.1.5　基础设施与产业发展

（1）能源产业。

由图 3－7 可以看出，我国能源生产水平在不断提高，但相较于我国的能源消费水平来说仍有所不足，虽然能保持较高的能源自给自足水平，但仍需要进口能源。2017 年我国的能源生产总量为 359000 万吨标准煤，相对于 1978 年的 62770 万吨标准煤，其规模增长了约 4.72 倍。其中煤炭的生产总量在能源中的占比大致为先上升后下降，在 2007 年和 2011 年达到峰值，为 77.8%，而后煤炭在能源生产总量中的占比不断下降，在 2017 年达到 69.6%。而水电、核电、风电等清洁能源的生产总量在能源中的占比不断上升，从 1978 年的 3.1%上升至 2016 年的 16.9%。能源生产结构不断优化，体现了我国对可持续发展的追求。

（2）运输行业。

由图 3－8 可以看出，改革开放以来，我国交通运输网络日益完善，运输能力和效率也在不断上升，作为基础产业支撑着我国社会经济的发展。2017 年我国铁路货物周转量为 26962.2 亿吨公里，相较于 1978 年，其规模扩大了约 4 倍；公路货物周转量为 66771.5 亿吨公里，增长了约 190 倍；水路货物周转量为 97455 亿吨公里，增长了约 25.6 倍；管道货物运输周转量为 4757.2 亿吨公里，增长了约 11 倍；民航货物周转量为 243.6 亿吨公里，增加了约 251.1 倍。此外，我国的高速铁路可谓是实现了从无到有的历史性突破，并迅速发展，我国高速铁路的运营里程截至 2018 年 3 月 5 日增加到 2.5 万公里，占世界高速铁路总量的三分之二，居全球第一，标志着我国铁路运输拥有着国际先进水平。

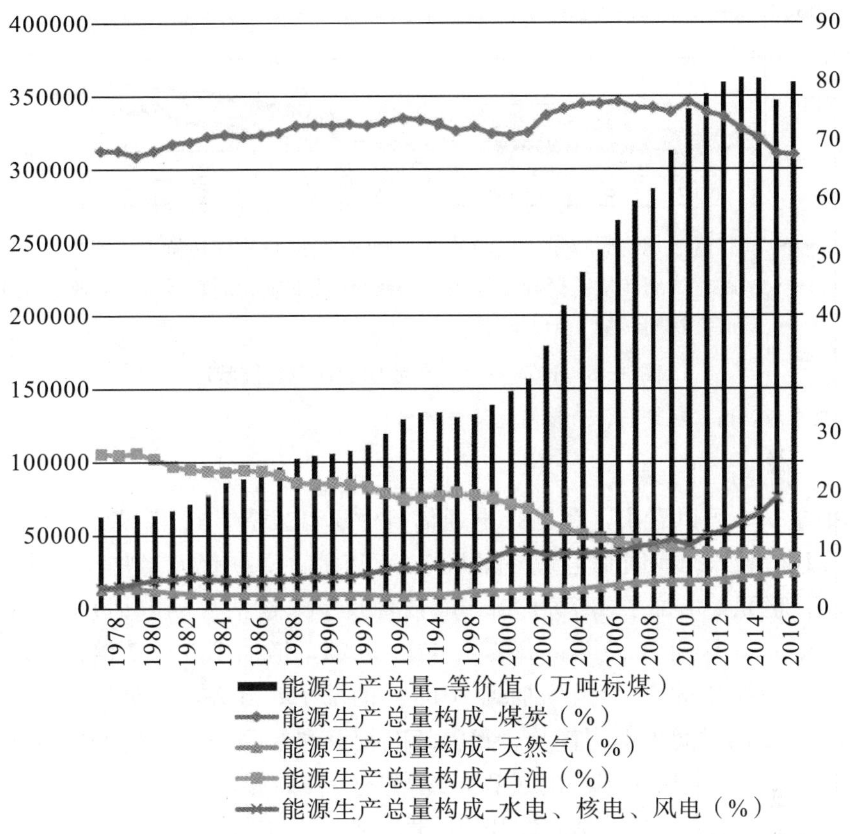

图 3－7　1978—2017 **年我国能源结构**

数据来源：国家统计局、中经网统计数据库。

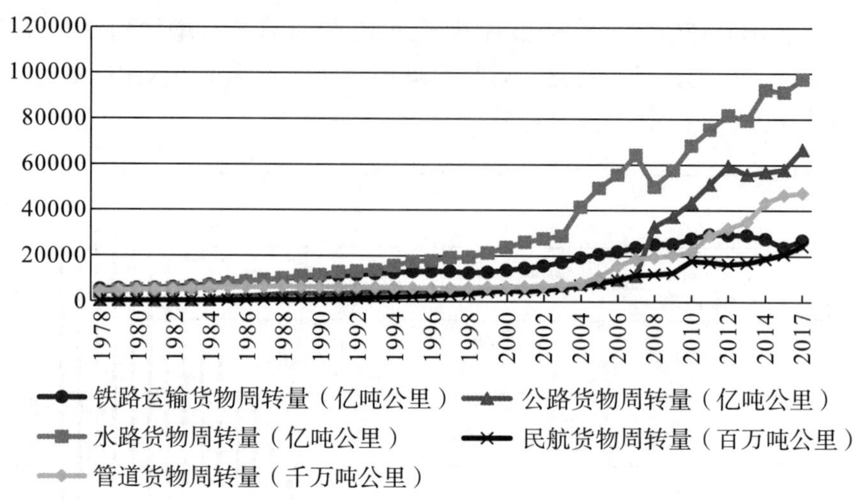

图 3－8　1978—2017 年我国运输业发展状况

数据来源：国家统计局、中经网统计数据库。

（3）信息产业。

由图 3－9 可以看出，我国邮电通信行业迅猛发展，规模不断扩大，信息化水平不断上升。我国邮电业务量从 1978 年的 34.09 亿元增加至 2016 年的 43345.54 亿元，增加了 1270.5 倍；电话普及率（包括移动电话）从 1978 年的每百人 0.38 部到 2017 年的每百人 116.53 部，增加了 305.7 倍；互联网上网人数从 1997 年的 62 万人增加到 2017 年的 77198 万人，增加了 1244.1 倍，在不到 20 年的时间里迅速普及。我国邮电行业和互联网行业的发展自改革开放以来经历了一个从无到有的过程，逐渐从一种高端消费品变为日常生活用品。信息产业作为新兴的基础性和战略性产业，对于国家网络和信息安全十分重要，也是确保国家现代化建设的重要保障。近年来，以互联网和移动客户终端为基础的各项产业在不断发展，逐渐成为国民经济新的增长点，对带动其他产业发展、推动社会生产和生活方式转型、降低成本、促进创新具有重要意义。

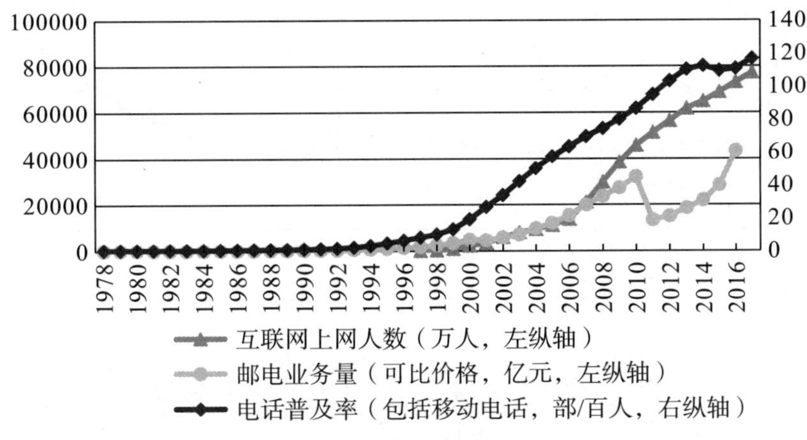

图 3—9　1978—2016 年我国信息产业发展状况

数据来源：国家统计局、中经网统计数据库。

3.1.6　社会事业

（1）医疗事业。

改革开放以来，我国在公共卫生建设方面做出了巨大努力。基于我国政府财政现状，针对具有普遍性和严重性的公共卫生问题，根据居民的健康需求，我国确定了公共卫生服务项目和经费补偿标准，深入推进医疗卫生体制改革，以促进居民健康意识的提高和不良生活方式的改变，树立自我健康管理的理念，减少主要健康危险因素，提高居民健康素质，目前这些工作已取得显著成果。2015 年，我国平均预期寿命达 76.34 岁，相较于 1981 年的 67.7 岁，增长了将近 10 岁；国内医疗卫生机构也从 1978 年的 169732 个增长到 2017 年的 986649 个，增加了 4.8 倍；职业医师人数从 1978 年的 60.96 万人增长到 2017 年的 282.9 万人，增加了 3.6 倍，平均每千人拥有的职业（助理）医师数也在 2016 年达到了 2.3 人，如图 3—10 所示。目前，我国全民医保体系基本建立，建立了世界上最大的基本医疗保障网，医疗质量和技术管理得到强化，医疗服务效率进一步提高，乙型肝炎、艾滋病、肺结核、血吸虫病、慢性病等重大疾病的防治工作取得了较大进展。

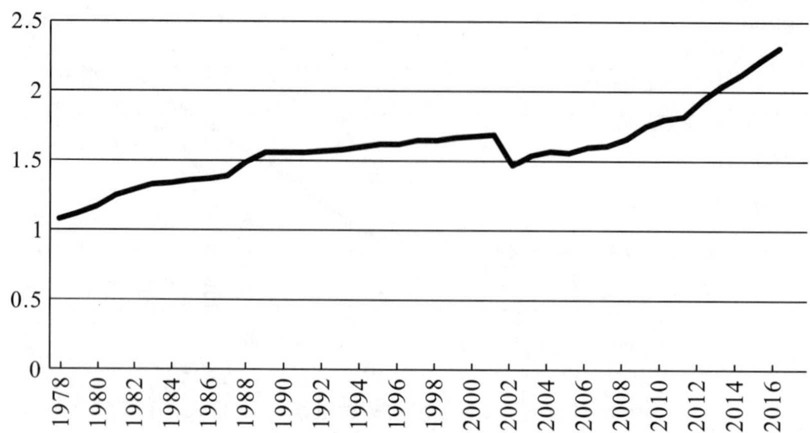

图 3—10　1978—2016 年我国单位人口拥有职业（助理）医师数（人/千人）

数据来源：国家统计局、中经网统计数据库。

（2）教育水平。

由图 3—11 可以看出，由于生源减少，从 1978 年开始，小学招生人数从 33.154 百万人减少至 2017 年的 17.6 百万人。伴随小学招生数量下降，初中招生人数从 2001 年开始直线下滑，从 2000 年最高峰时的年招生 22.9557 百万人，下降至 2017 年的 15.472 百万人。但与小学教育和初中教育招生人数不断下滑的情况不同的是，虽然普通高中招生数从 1978 年较高的 6.929 百万人不断下降，1993 年甚至下降至 2.283 百万人，但 2000 年后普通高中招生人数便开始迅速扩张，2017 年，我国普通高中招生数与 1978 年相比增加了 1 百多万人。同时，我国普通本（专）科招生数也从 1978 年的 0.4 百万人扩张到 2017 年的 7.615 百万人，增长了 18 倍，在一定程度上满足了社会对各类专业人才的需求。目前我国已基本实现九年义务教育的全面覆盖，教育普及程度进一步提高，同时国家对教育事业的投入也在加大，在进一步促进教育公平的同时，深化教育领域改革。

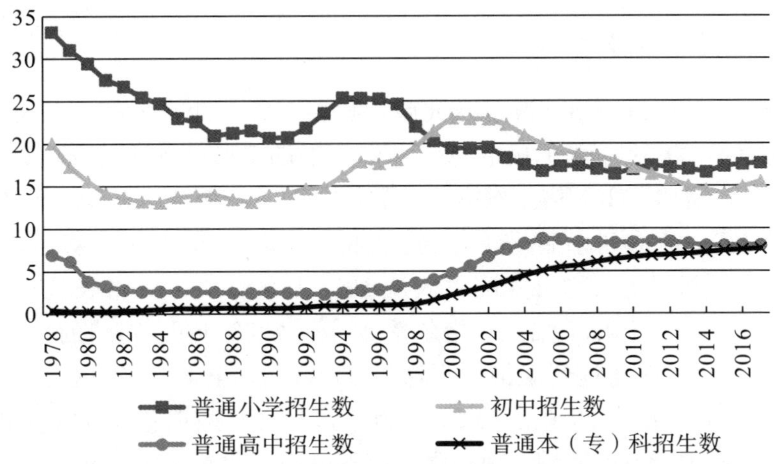

图 3－11　1978—2017 年我国各级各类学校招生数（百万人）

数据来源：国家统计局、中经网统计数据库。

（3）就业与劳动力市场。

由图 3－12 可以看出，我国就业形势基本保持稳定，失业率自 2002 年以来基本保持在 4%左右。虽然 2017 年城镇登记失业人数为 972 万人，相比于 1978 年的 530 万人的城镇失业人数增加了 442 万人，但这主要是我国劳动年龄人口数量进入高峰期、经济体制的改革、农村剩余劳动力向非农领域转移等因素导致的。当我们考虑了以上因素后就会发现，我国 2017 年城镇登记失业率相较于 1979 年下降了 1.4%。这是我国政府对就业形势高度关注，实施就业优先战略和积极的就业政策所取得的成效。

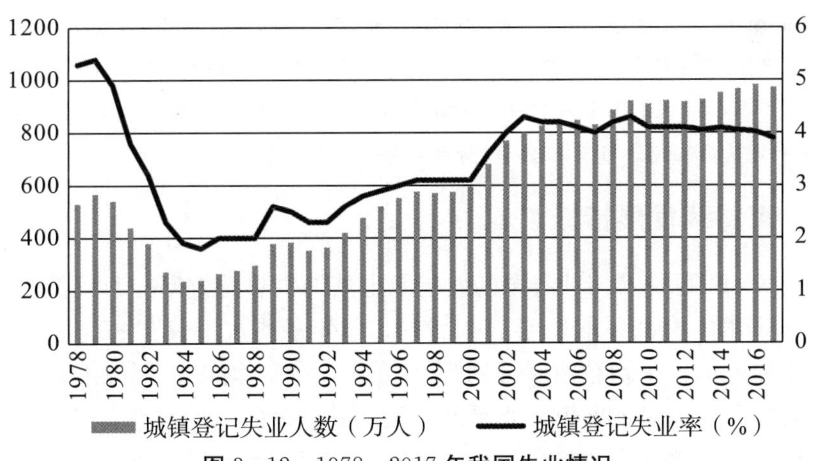

图 3－12　1978—2017 年我国失业情况

数据来源：国家统计局、中经网统计数据库。

3.1.7 人民生活水平

由图 3—13 可以看出，改革开放后，我国人民生活水平有了较大的提高，其中城镇居民的人均可支配收入从 1978 年的 343.4 元增长到 2017 年的 36396.2 元，增加了 105 倍。恩格尔系数从 1978 年 57.5%的温饱水平逐渐下降，直至 1996 年达到小康水平，为 48.8%，至 2000 年达到富裕水平，为 39.4%；农村居民的人均可支配收入从 1978 年的 133.6 元增长到 2017 年的 13432.4 元，增加了 99.5 倍，恩格尔系数，从 1978 年 67.71%的贫困水平逐渐下降，直至 1983 年达到温饱水平，为 59.41%，至 2000 年达到小康水平，为 49.1%，在 2012 年达到富裕水平，为 39.3%。从数据基本可以看出，从平均水平来看我国已基本实现全面小康，但不可否认的是，我国虽然在平均收入上超过了贫困线，但仍存在上千万的贫困人口还未脱贫这一事实。

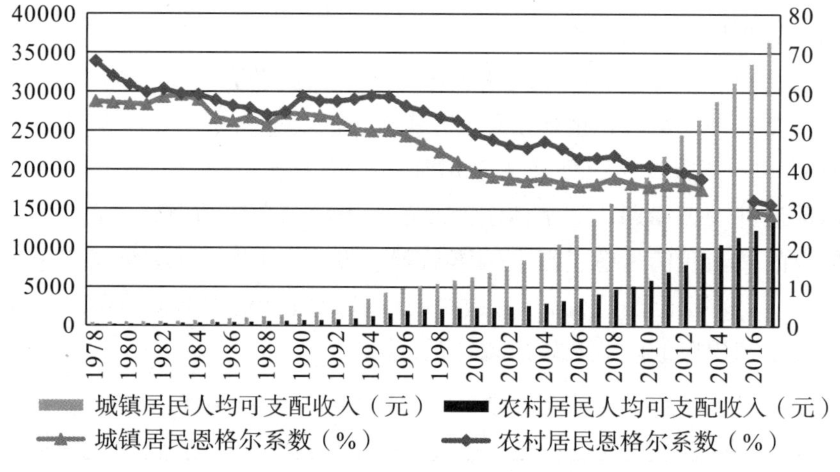

图 3—13 1978—2017 **年我国人民生活水平状况**

数据来源：国家统计局、中经网统计数据库。

3.1.8 可持续发展指标

由图 3—14 可以看出，我国的发电及电站的供热总效率普遍偏低，虽然已经从 1980 年的 36.02%增长到了 44.2%，但年平均水平仅有 38.66%。然而，我国炼油和炼焦年平均总效率分别为 97%和 96%，均在 95%以上，对能源的利用较为充分。但对于炼焦行业来说，虽然其能效的平均水平表现优异，但其总体却呈现出能效下降的趋势。从总体趋势来看，我国自 1980 年以来，能源年平均总效能约为 69.6%，2015 年的能源总效能相对于 1980 年增长了

4.18%，达到了73.7%，总体呈现稳步上升的趋势，符合我国可持续发展的战略目标。

除能源效能外，我国可持续发展的另一项指标——单位GDP碳排放强度显著下降，2013年单位国内生产总值二氧化碳排放比2005年下降了28.56%，相当于少排放二氧化碳25亿吨；2017年，我国的碳排放强度比2016年下降了5.1%，相比2005年累计下降约46%。自2001年起，我国启动了包括上海在内的碳排放权交易体系试点工作，截至2017年，碳交易市场运行良好，对优化产业结构、转变经济发展方式、促进经济高质量发展发挥了积极作用。

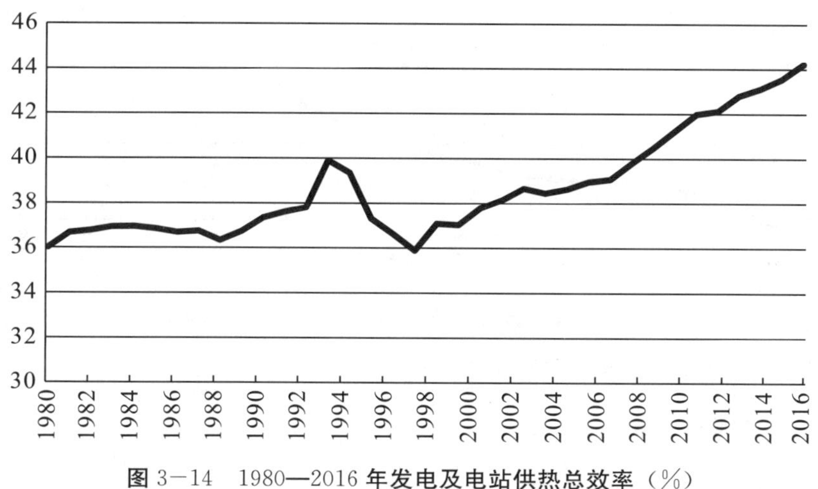

图3－14　1980—2016年发电及电站供热总效率（%）

数据来源：国家统计局、中经网统计数据库。

3.1.9　知识结构与创新

党的十八大报告明确提出，科技创新是提高社会生产力和综合国力的战略支撑，必须摆在国家发展全局的核心位置，强调要坚持走中国特色自主创新道路，实施创新驱动发展战略，同时也出台了相关文件，指导深化体制机制改革，加快实施创新驱动发展战略。由图3－15可以看出，在此发展战略的指导下，我国不断深化科技体制改革、加大科技投入，科技投入从1995年的146.4亿元增长到2016年的2260.2亿元，增加了14.4倍。科技投入的增加提高了我国的自主创新能力并构建了以企业为主体、市场为导向、产学研相结合的技术创新体系。近些年，我国重大科技创新成果不断涌现，在量子通信、高温超导、干细胞、合成生物学、结构生物学等领域取得一大批重大原创成果，并首次荣获诺贝尔生理学或医学奖、国际超导大会马蒂亚斯奖、国际量子通信奖等国际权威奖项，在基础研究领域的国际影响力大幅跃升。载人航天和探月工程、采用自主研发芯片的超算系统、国产首架大飞机C919、蛟龙号载人深潜器、自主研发的核能技术、天然气水合物勘查开发和新一代高铁、云计算、人工智能等方面也成就卓著。

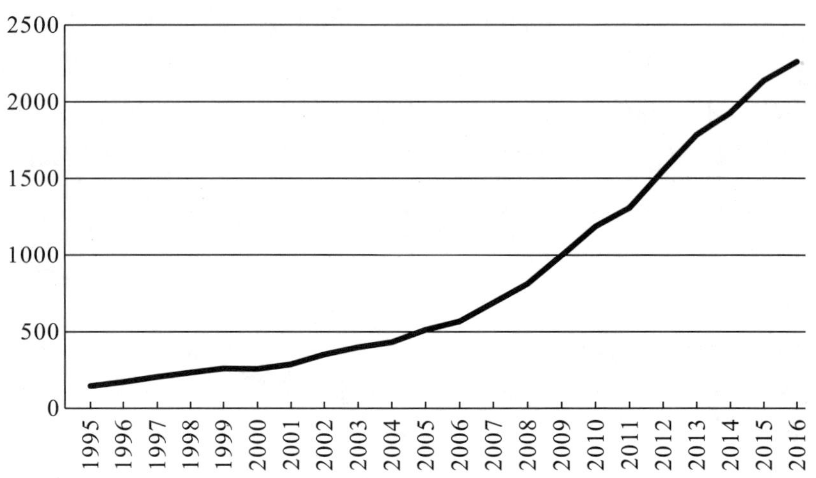

图 3－15 1995—2016 **年我国科研和开发机构研究与试验发展经费支出（亿元）**

数据来源：国家统计局、中经网统计数据库。

3.1.10 产业结构

改革开放四十年，我国的经济发展取得巨大成果，综合国力和人民生活水平日益提高，我国的产业结构也发生着一系列的变化。

由图3－16可以看出，第一产业（农业）年增加值不断上升，从1978年的1018.5亿元增长到2017年的65467.6亿元，增长了63.3倍，年均增长约为111%；第二产业从1978年的1755.2亿元增长到2017年的334622.6亿元，增长了189.6倍，年均增长约为114%；服务业从1978年的905.1亿元增长到2017年的427031.5亿元，增长了471倍，年均增长约为116%。

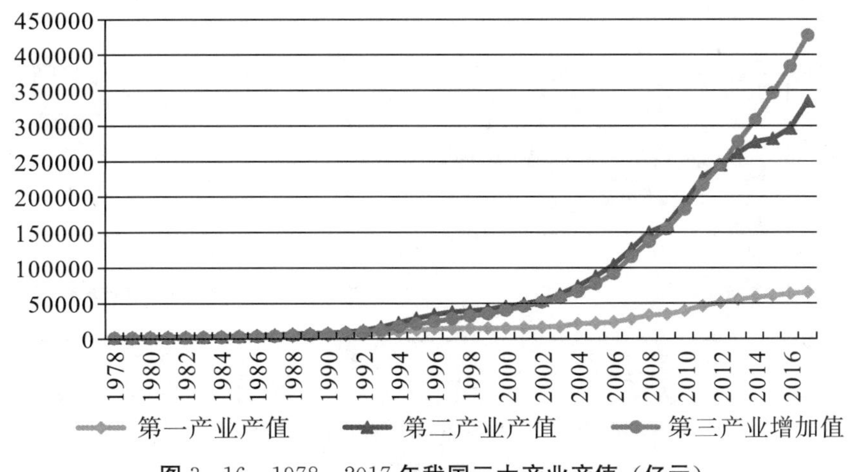

图 3－16　1978—2017 **年我国三大产业产值（亿元）**

数据来源：国家统计局、中经网统计数据库。

进一步来说，如图3－17所示，第一产业在GDP中的比重呈现持续下降的趋势，但改革开放初期到1983年，第一产业占比稳步上升，并在1983年达到顶峰，占比32.6％。这一时期由于家庭联产承包责任制的实施，解放了农业生产力，从而促使农业生产得到了大幅度提升①。自此之后，第一产业比重就不断下降，2009年，第一产业占比首次下降到10％。第二产业的GDP比重总体比较稳定，占据GDP的重要位置，呈现先降后升的趋势，从1978年的47.7％下降到1990年的41％，之后稳中缓升，在45％左右波动。第三产业是发展最为迅速的产业，1978年，服务业在三产业中占比最低，仅为24.6％，改革开放之后，服务业的比重一路攀升，并在1985年首次超过农业，在1992年到1996年五年期间，服务业占比下降了2个百分点，之后又呈现上升趋势，在2012年与第二产业持平，并在2015年突破50％，位居三大产业首位。②

① 张智革．改革开放以来我国经济结构的变化［J］．商业经济，2011（6）：3－6．

② 章文光，杨焕城，尹宗平．中国外资政策影响企业进入国际市场的机制［J］．国际经济合作，2013（6）：80－87．

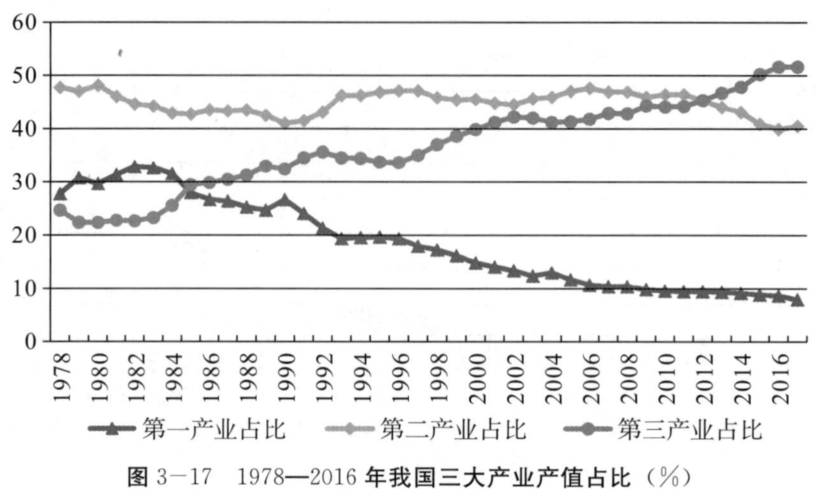

图 3－17　1978—2016 **年我国三大产业产值占比**（%）

数据来源：国家统计局、中经网统计数据库。

由图 3－18 可以看出，第一产业对 GDP 的贡献率波动较大，1984 年之前，第一产业对 GDP 的贡献率较高，1981 年达到最大值 40.5%，1985 年至 1990 年期间，第一产业的贡献率波动十分大，在 1990 年达到第二高峰，并在 1991 年骤降，之后稳步下降。第二产业对 GDP 的贡献一直较高，但在 1985 年之前，其贡献率波动也较大，1980 年增长到最大值 85.6%，1981 年骤降到最小值 17.7%，此后一直维持在 50%左右。第三产业对 GDP 的贡献率在波动中稳步上升，在 2015 年超过 50%，贡献率超过第二产业，位居第一。

由图 3－19 可以看出，农林牧渔业占比呈现先升后降的趋势，在 1983 年达到最大值 33.1%，之后逐步下降，到 2016 年仅为 8.9%，下降了 2.7 倍。第二产业中的工业总体呈现稳步下降的趋势，总体波动较小。批发和零售业在 1983 年之前逐渐下降到 3.3%，1996 年上升到 6.1%，到 2007 年之前又稳定下降。而金融业和房地产业却不断增长，金融业从 1978 年的 2.1%稳步上升到 2015 年的 8.4%，增长了 3 倍；房地产业从 1978 年的 2.2%上升到 6.5%，增长了近 2 倍。

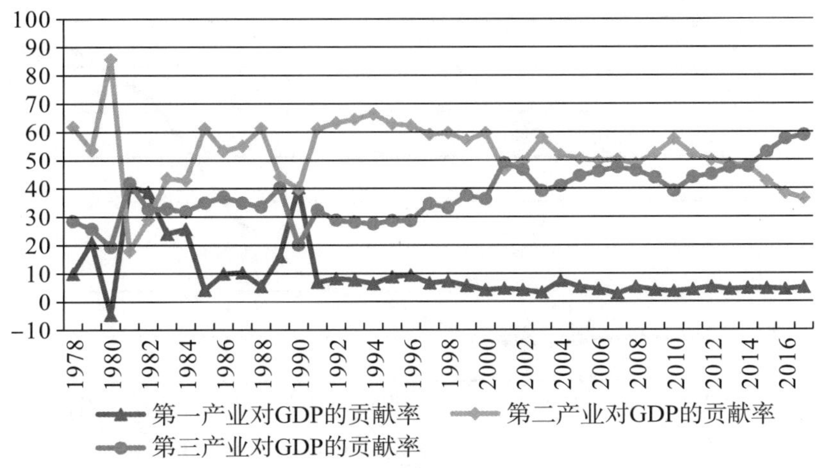

图 3—18　1978—2017 年三大产业对我国 GDP 的贡献率（%）

数据来源：国家统计局、中经网统计数据库。

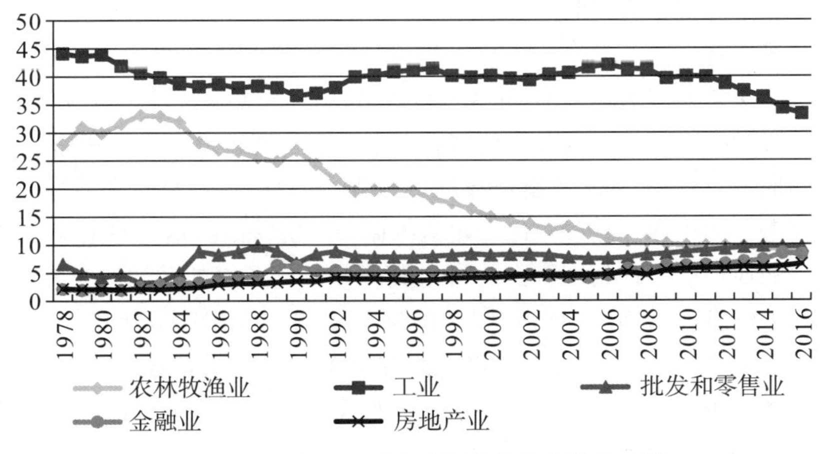

图 3—19　1978—2016 年我国行业构成情况（%）

数据来源：国家统计局、中经网统计数据库。

3.2　对外经济发展历程

1978 年改革开放以来，我国对世界打开国门，使我国由封闭经济逐渐走向开放经济，由计划经济逐步向市场经济转型，经济发展由投资和消费拉动变成投资、贸易和消费三驾马车共同拉动，近 40 年经济以年均 9.6%的速度增长，如图 3—20 所示，中国在世界 GDP 中所占的比重从 1978 年的 1.75%上升到 2016 年的 14.76%，成为仅次于美国的世界第二大经济体。

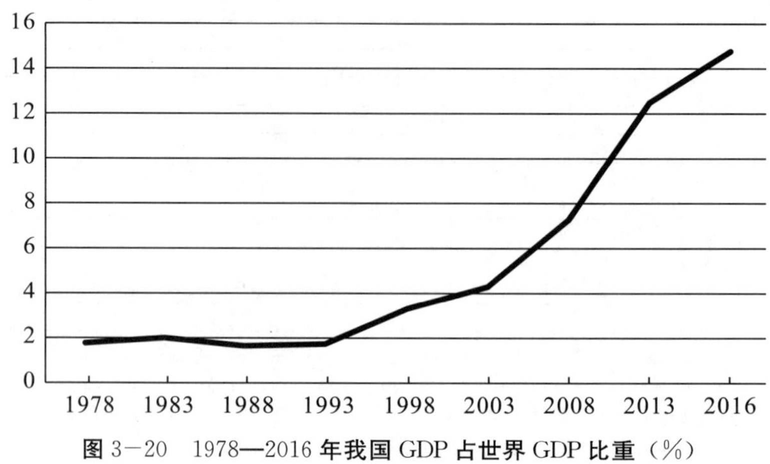

图 3－20　1978—2016 年我国 GDP 占世界 GDP 比重（%）

数据来源：国家统计局、中经网统计数据库。

3.2.1　对外开放初级阶段

（1）开放格局。

我国一直是人口大国，劳动力丰富，劳动成本低廉。1978 年十一届三中全会决定实行改革开放，因此，我国走向了改革发展的新型发展道路。最初改革开放的时候，我国奉行“出口导向”战略。1980 年 5 月，在广东、福建、深圳、珠海、汕头和厦门各划出一定范围创办经济特区，这一时期主要是依托靠近港口的地理优势，利用丰富的自然资源，依托廉价的劳动成本和原材料，并给予政策优惠和措施，吸引外资。1984 年 5 月，党中央和国务院决定进一步开放从北到南包括大连、秦皇岛、天津、烟台、青岛、连云港、南通、上海、宁波、温州、福州、广州、湛江和北海 14 个大中港口城市，上述城市作为辐射点连接内部经济与外部贸易活动。1985 年党中央国务院划出长江三角洲、珠海三角洲和闽南三角洲作为沿海开放区，1988 年初，开放辽东半岛和山东半岛，与大连、秦皇岛、青岛等连接起来，形成环渤海开放区。1988 年，国家决定建立海南省和海南经济特区，进一步利用地理优势，扩大对外开放的范围。1990 年，我国决定开放浦东，把浦东建设成为上海现代化的象征，把上海建设成为国际金融、贸易、经济中心，从而带动长江三角洲的发展。从经济特区到沿海开放城市再到沿海开放经济区，初步形成了从点到线到面的开放格局，我国的对外开放格局初具规模。

（2）对外贸易发展。

如图 3－21、图 3－22 所示，1978 年改革开放开始，我国出口总额从 167.6 亿元人民币迅速增长到 1992 年的 4676.29 亿元，增长了近 27 倍，年增长率达到 122%；进口总额从 187.4 亿元增长到 1992 年的 4443.33 亿元，增长了近 23 倍，年增长率达到 121%。这一时期，我国主要实行“进口替代”战略，并逐步转向“出口导向”战略，从 1978 年到 1989 年，我国一直维持贸易逆差，在 1985 年达到最大值 448.99 亿元。出口额占据 GDP 的比重从 1978 年的 4.5%快速增长到 1992 年的 17.1%，进口总额占 GDP 的比重从 1978 年的 5.1%增长到 1992 年的 16.3%，在世界贸易中的地位由 1980 年的第 26 位上升到 1992 年的第 11 位，出口拉动经济增长效果十分明显。

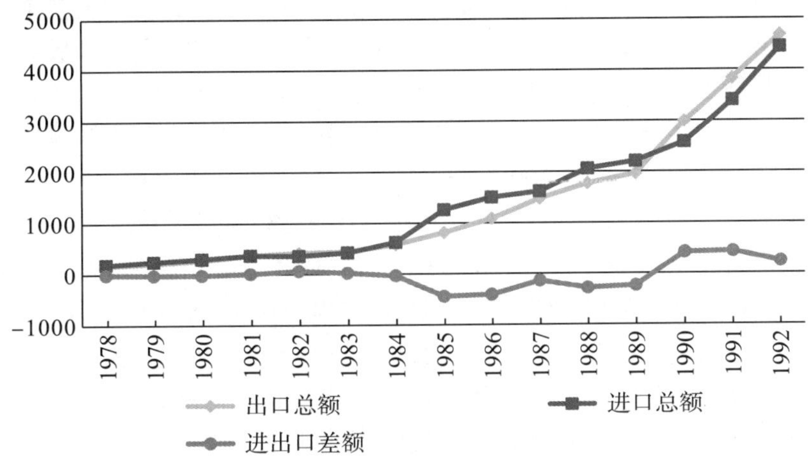

图 3－21　1978—1992 年我国对外贸易情况（亿元人民币）

数据来源：国家统计局、中经网统计数据库。

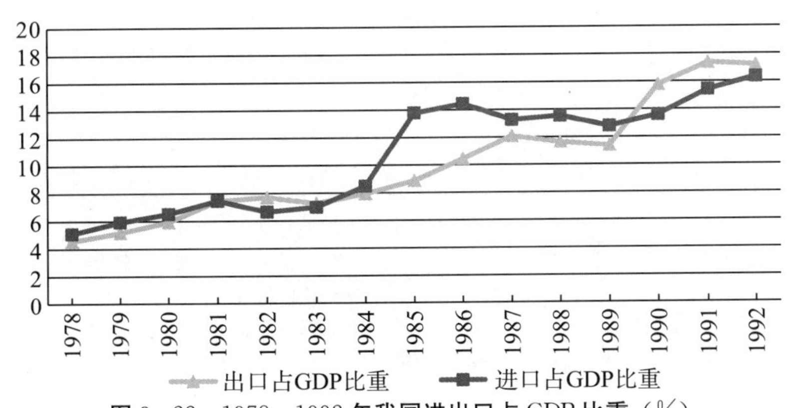

图 3－22　1978—1992 年我国进出口占 GDP 比重（%）

数据来源：国家统计局、中经网统计数据库。

在改革开放初期，我国开放方式十分粗犷，依托廉价劳动力、原材料和土地，采取来料加工、来样加工、来件装配和补偿贸易的“三来一补”贸易方式发展。如图 3—23 所示，1980 年初级产品的出口占出口总额的 50%，并一直维持到 1985 年才开始下降，到 1992 年初级产品出口的比重下降到 20%；工业制成品在 1980—1985 年期间一直维持 50%的比重，但随着初级产品比重的下降，工业制成品的比重快速上升，到 1992 年占出口总额的 80%，成为我国对外贸易的主导产品。如图 3—24 所示，根据联合国的 SITC 分类原则，我国初级产品出口中食品及主要供食用的活动物和矿物燃料、润滑油及有关原料占比较大，1980 年分别占比 16.4%和 23.6%，矿物燃料、润滑油及有关原料在 1985 年之前的比重比较稳定，而 1985 年之后快速下降，到 1992 年，占出口总额的比重仅有 5%，而食品及主要供食用的活动物出口占比是缓慢下降，到 1992 年占比 9.1%。如图 3—25 所示，工业制成品中轻纺产品、橡胶制品、矿冶产品及其制品以及杂项制品（包括鞋、服装和家具等）的比重较大，占据工业制成品出口的主导地位，轻纺产品、橡胶制品、矿冶产品及其制品比重从 1980 年的 22%逐步下降到 1992 年的 19%；杂项制品所占比重从 1980 年的 15.6%稳步上升到 1991 年的 23.1%，并在 1992 年急剧上升到 40.3%；机械及运输设备的比重从 1980 年的 4.6%上升到 1992 年的 15.6%①。这一阶段，中国对外出口实现了从以初级产品为主向以工业制成品为主的转变，但是工业制成品也依然以资源密集型和劳动密集型的初加工产品为主，高技术附加值含量高的产品极少。20 世纪 80 年代，我国抓住发达国家劳动密集型产业转移（主要是轻纺产品）的机遇，完成了产业结构的调整。

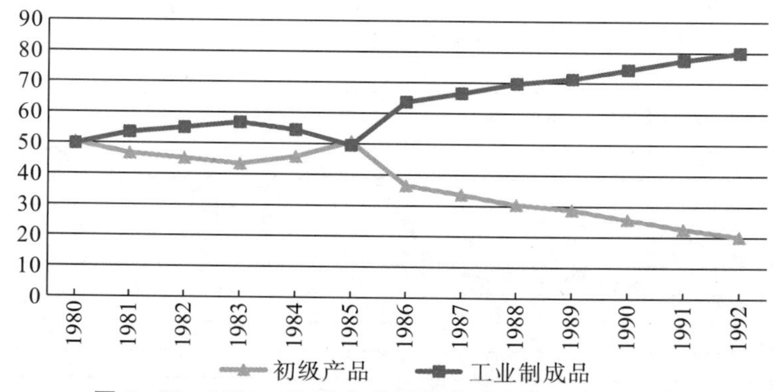

图 3—23　1980—1992 年我国部分产品出口占比（%）

数据来源：国家统计局、中经网统计数据库。

① 孟中泽．中国出口贸易现状综合评价研究［J］．当代经济，2012（21）：74—75.

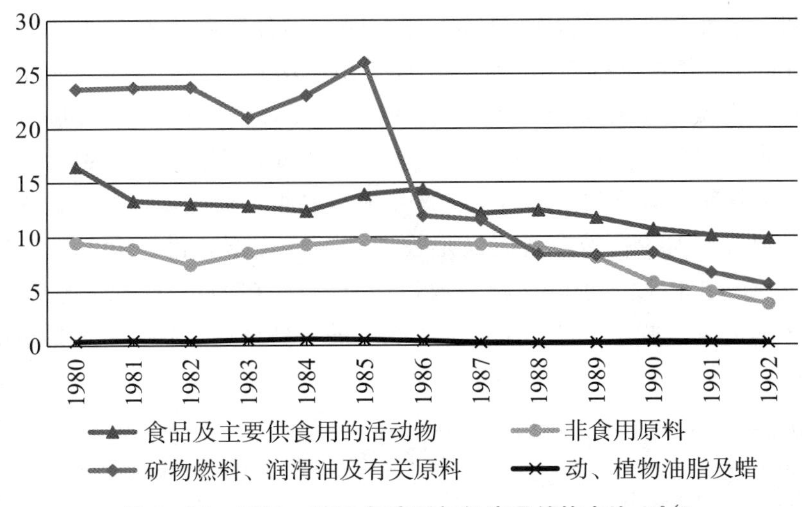

图 3－24　1980—1992 年我国初级产品结构占比（%）

数据来源：国家统计局、中经网统计数据库。

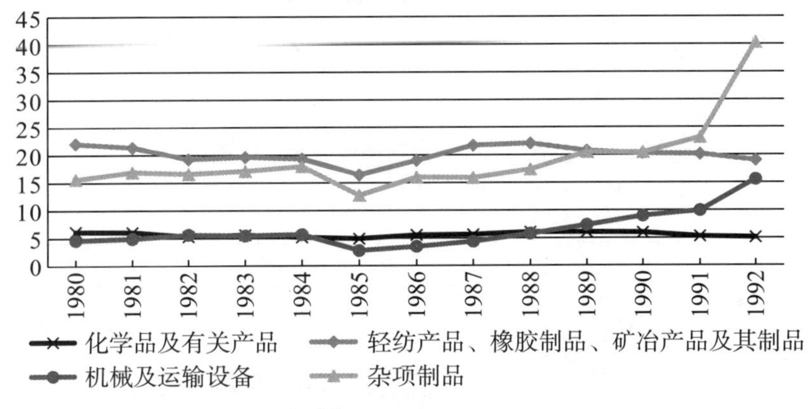

图 3－25　1980—1992 年我国工业制成品结构占比（%）

数据来源：国家统计局、中经网统计数据库。

从进口结构来看，如图 3－26 所示，我国初级产品占进口总额的比重从 1980 年的 34%快速下降到 1986 年的 13%，之后稳步增长到 17%左右，较为平稳，而工业制成品的比重则呈现居高不下的状态，从 1980 年开始增长，1985 年达到最高点 87.4%，之后一直在 83%上下波动。如图 3－27 所示，根据联合国的 SITC 分类原则，我国在改革开放前几年，初级产品进口比重最大的是非食用原料，比重高达 17.8%，之后逐步下降，到 1992 年降至 7%，非食用原料在我国进口中占比一直位列首位，只在 1982—1984 年被食品及主要供食用的活动物超越，非食用原料主要是生产性原料，如钢材、铁砂、铜、铝、木材、天然橡胶、化工原料等。这一时期虽然矿物燃料类占比较小，但1980年到1992年增长率高达336%，且是稳步增长。如图3－28所示，工业制成品中，机械及运输设备占比从1980年的25.5%稳步增长到1992年的38.8%，占据主导地位，轻纺产品、橡胶制品、矿冶产品及其制品在工业制成品进口中稳居第二，变化幅度较大。改革开放初期，我国工业基础设施和技术落后，需要进口大量机械设备以满足投资建厂的需求，机械设备进口比重在1986年达到这一阶段的顶峰，跟开放沿海开放区在时间上十分吻合，说明沿海开放区和沿海开放城市进一步促进了我国的对外开放，吸引了大批量的对华投资建厂。

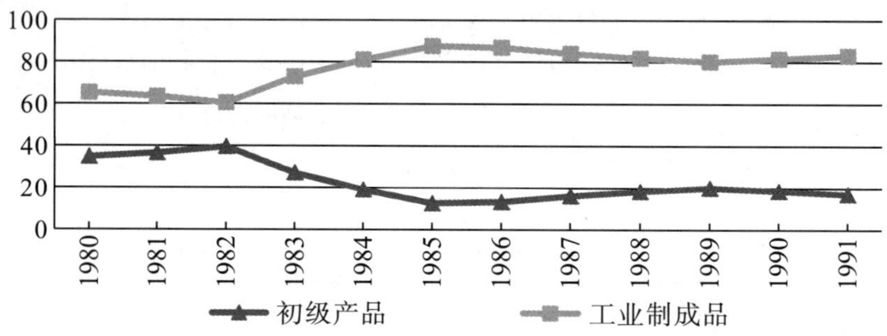

图 3－26　1980—1991 **年我国进口结构占比**（%）

数据来源：国家统计局、中经网统计数据库。

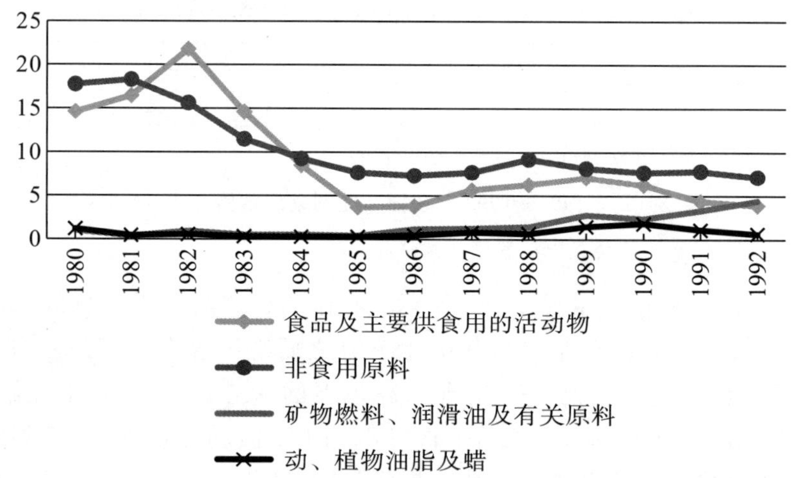

图 3－27　1980—1992 **年我国初级产品进口结构占比**（%）

数据来源：国家统计局、中经网统计数据库。

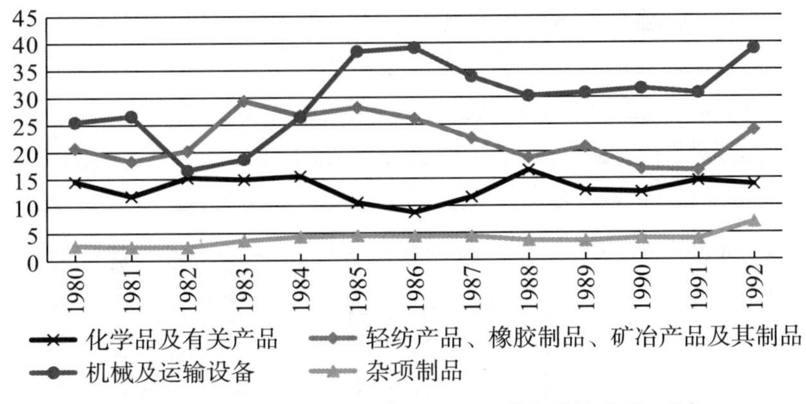

图 3－28 1980—1992 年我国工业制成品结构占比（%）

数据来源：国家统计局、中经网统计数据库。

（3）对外金融发展。

从 1978 年我国实行改革开放打开国门后，吸引了大量外商投资，我国经济发展十分迅速。从总量上来看，如图 3－29 所示，从 1982 年的 4.3 亿美元上涨到 1991 年的 43.66 亿美元，增长 9 倍左右。这一时期，如图 3－30 所示，实际利用外资的金额也从 1983 年的 22.6 亿美元上涨到 1991 年的 115.54 亿美元，而其中实际利用外商投资占比在这一时期呈现波动下降的态势，如图 3－31 所示，从 1984 年的最高值 49.4%逐步下降到 1990 年的 33%左右。截至 1991 年底，我国实际使用外资累计 680.99 亿美元。

由于改革开放初期我国开放的地区主要集中在沿海地带，所以外商投资的地区主要分布在东南沿海，尤其集中在珠江三角洲、闽南地区和长江三角洲，这跟东南地区的优越地理位置（靠近沿海，交通便利）、政策优惠是分不开的，而且沿海地区自古都是贸易较为发达的地区，这里的基础设施和政策措施都有优势，对外开放程度较高。但是在改革开放初期，我国单一依靠借贷方式吸引外资，外国投资者对于我国持观望和不信任态度，使得引资的质量较低。1989 年之后，外商直接投资增加，中外合资和中外合作以及独资企业在我国才慢慢发展起来，但外商投资的领域仍十分狭窄，仅限于工业和建筑业，结构较为单一和畸形。

在这一时期，我国主要通过引进外资银行从而引进外汇资金，为外资企业提供金融服务。我国银行也在不断探索如何平稳发展金融，为此，我国银行扩大对外开放领域，颁布各种管理办法，完善金融管理秩序，吸引外资银行和金融机构在我国深圳、珠海、厦门等地设立经营性分支机构。但这一时期业务领域仍然较为狭窄，有明显地域限制，并且我国金融业走出去的情况更少，仅仅限于美国等地，金融业的国际化程度低。

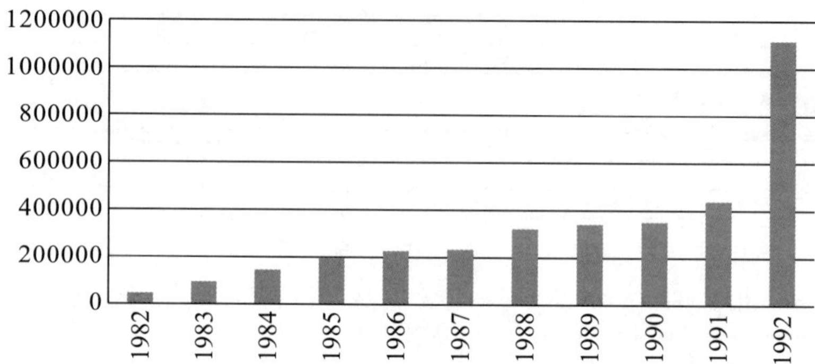

图 3—29　1982—1992 年外商在我国直接投资情况（万美元）

数据来源：国家统计局、中经网统计数据库。

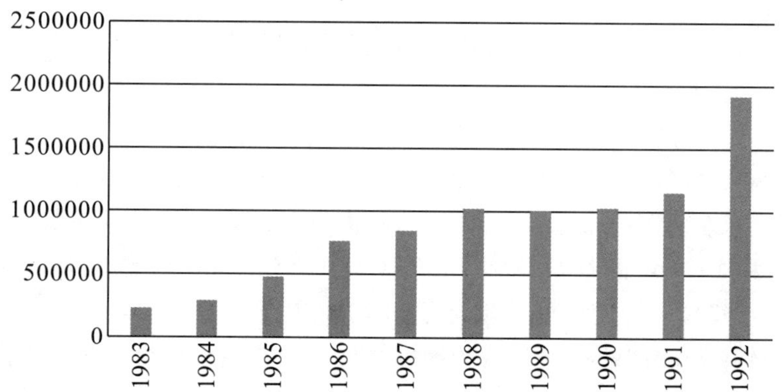

图 3—30　1983—1992 年我国实际利用外资额（万美元）

数据来源：国家统计局、中经网统计数据库。

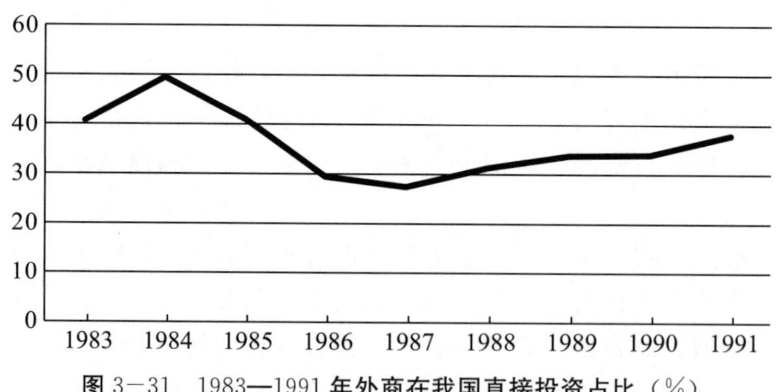

图 3—31　1983—1991 年外商在我国直接投资占比（%）

数据来源：国家统计局、中经网统计数据库。

3.2.2 我国经济外向发展的起步阶段

（1）开放格局。

我国社会主义市场经济体制在这一时期逐步建立。20世纪80年代末90年代初，苏联解体，改革开放在理论上面临诸多困扰，思想较为混乱，甚至出现姓“资”姓“社”的争论。在此背景下，1992年，邓小平先后赴武昌、深圳、珠海和上海考察，发表一系列讲话，极大地解放了人们的思想。同年，中国共产党第十四次全国代表大会确定建立社会主义市场经济体制的目标，社会主义市场经济体制的建立和完善为企业的发展和经济的增长增添了动力。同时，进入90年代以后，我国对外开放的步伐逐步由沿海向沿江以及内陆城市和沿边城市迈进。1992年，党中央决定开放长江沿岸的芜湖、九江、岳阳、武汉和重庆等5个城市，之后又批准开放合肥、南昌、长沙、成都等17个省会城市，同时还逐步开放了内部边境的沿边城市。到1993年，我国基本形成“经济特区—沿海开放城市—沿海经济开放区—沿江和内陆开放城市—沿边开放城市”的宽领域、多层次、有重点、点线面结合的全方位对外开放格局。由此，我国进入改革开放新时代。

（2）对外贸易发展。

我国对外发展从“以量取胜”逐步转向“以质取胜”，贸易增长方式从原来的“外延式扩大”逐步转向“内涵式提高”，同时更好地利用外资和技术积极实施“走出去”战略，出口贸易在国民经济中产生质的飞跃。进入20世纪90年代，我国开始扭转贸易逆差的局面，逐渐成为世界贸易顺差大国，如图3－32和图3－33所示，贸易顺差额从1992年的43.55亿美元快速增长到2001年的225.45亿美元，增长了4倍左右，年均增长115％。同时，这一时期的贸易依存度也在稳定中逐步上升。

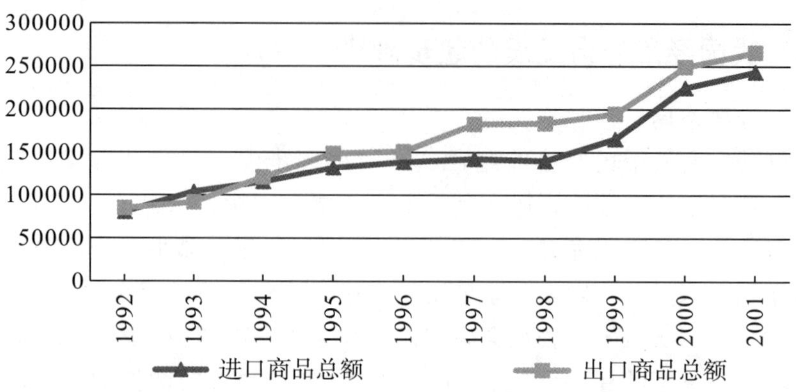

图 3－32　1992—2001 **年我国进出口总额（百万美元）**

数据来源：国家统计局、中经网统计数据库。

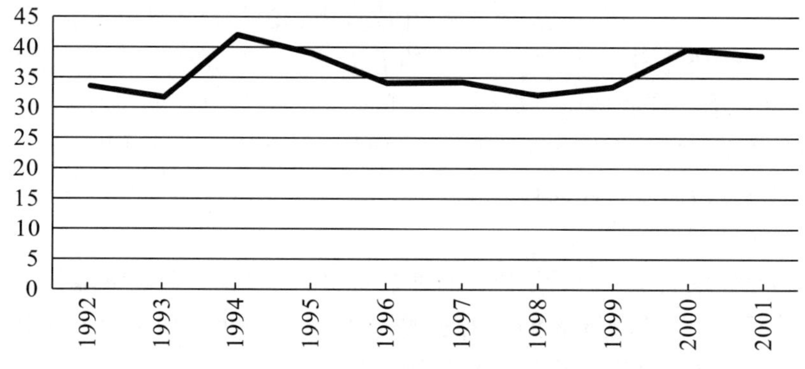

图 3－33　1992—2001 **年我国贸易依存度变化情况**

数据来源：国家统计局、中经网统计数据库。

这一时期，我国的贸易结构不断改善。如图 3－34 和图 3－35 所示，从 1992 年到 2001 年，工业制成品出口占比不断攀升，到 2001 年已经高达 90％，占据出口的绝对份额。而在工业制成品出口中，杂项制品的占比从 1992 年的 40.0％逐步下降到 2001 年的 32.7％，在工业制成品的份额从 50.0％下降到 36.3％，与此同时，机械及运输装备的出口额快速上涨，从 1992 年的 15.5％增加到 2001 年的 35.6％，超过杂项制品的份额，占据工业制成品出口的第一大份额。20 世纪 90 年代我国承接亚洲四小龙制造业的国际产业转移，推动了我国机电产品的快速发展，使其成为我国对外出口的主要产品。

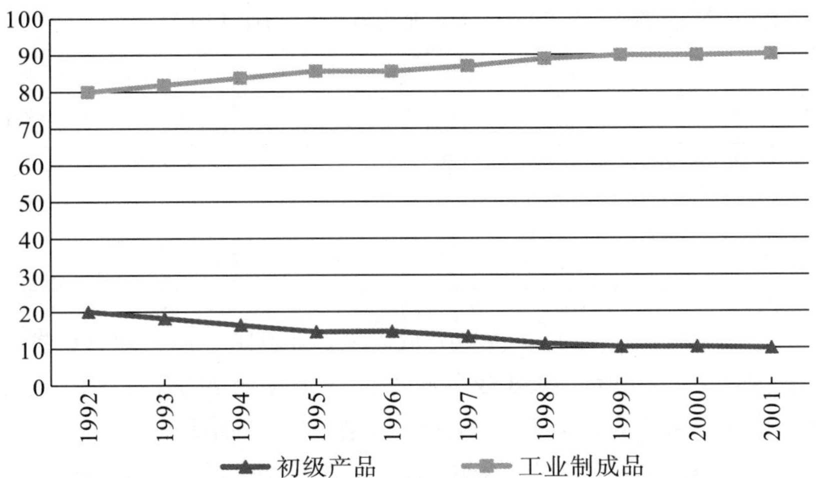

图 3—34　1992—2001 **年我国出口结构占比**（%）

数据来源：国家统计局、中经网统计数据库。

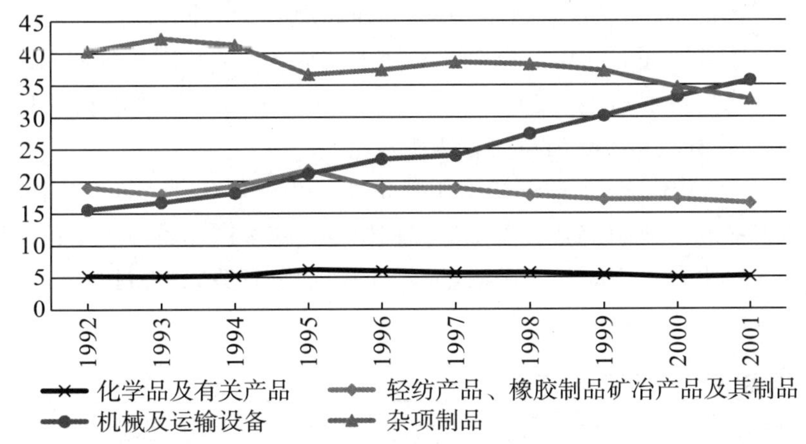

图 3—35　1992—2001 **年我国工业制成品出口结构占比**（%）

数据来源：国家统计局、中经网统计数据库。

邓小平南方谈话之后，我国吸引外资的步伐加快，外资企业出口份额不断增长，2000 年，外资企业的出口占比首次超过国有企业的出口占比，2001 年，我国对外贸易出口结构中外资出口份额首次超过 50%，成为我国出口的主要拉动力。

表 3－1　1998—2001 年我国对各大洲出口占比

年份	亚洲	非洲	欧洲	拉丁美洲	北美洲	大洋洲
1998 年	0.535	0.022	0.182	0.029	0.218	0.015
1999 年	0.526	0.021	0.182	0.027	0.228	0.016
2000 年	0.531	0.020	0.183	0.029	0.222	0.016
2001 年	0.530	0.023	0.185	0.031	0.217	0.015

从表 3－1 我们可以看出，改革开放以来，亚洲地区由于地理位置的优势，一直是我国主要出口地，1998 年，我国向亚洲地区的出口额占总额比高达 53.5％，之后缓慢下降，但到 2001 年，一直占据出口总额的一半左右；我国向欧洲、拉丁美洲以及北美洲的出口份额也都在缓慢上升，其中北美洲和欧洲是我国对外出口的第二、三大地区。与此同时，我国的主要贸易伙伴也在逐渐发生改变，从发展中国家和计划经济国家逐渐向工业发达国家转变。2001 年，美国成为我国的第一大贸易伙伴，并一直维持到今天。同时，20 世纪末至 21 世纪初，日本和欧盟跟我国的出口贸易处于稳步增加的状态，分别成为我国的第三、第四大贸易出口地。2001 年，我国的前四大贸易伙伴占据了我国对外贸易约 70％的份额，贸易出口比较集中。

20 世纪 90 年代末 21 世纪初，如图 3－36 和图 3－37 所示，我国进口产品中，初级产品和工业制成品的占比都比较稳定，初级产品虽稳步增长，但变化幅度较小。其中非食用原料，矿物燃料、润滑油及有关原料占比持续增长，而非食用原料的占比也在稳步增长。

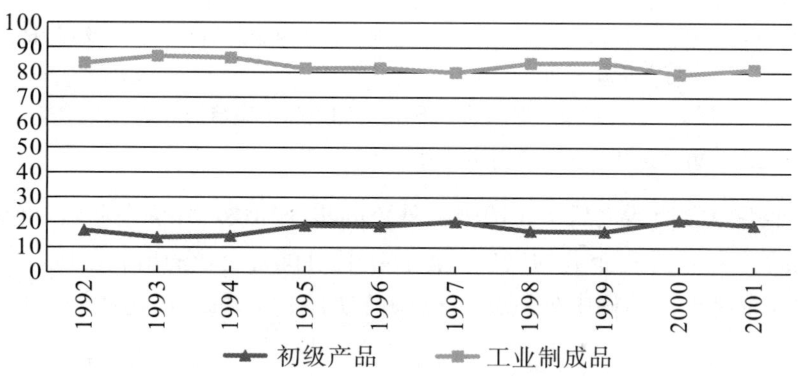

图 3－36　1992—2001 年我国进口结构占比（％）

数据来源：国家统计局、中经网统计数据库。

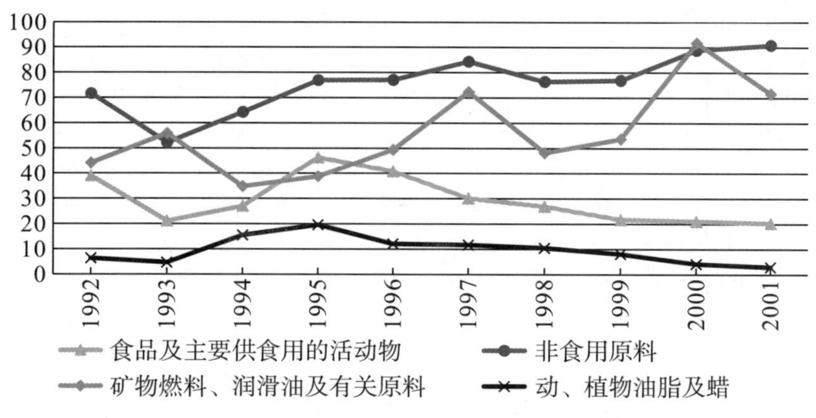

图 3—37 1992—2001 年我国初级产品进口结构占比（%）

数据来源：国家统计局、中经网统计数据库。

（3）对外金融发展。

如图 3—38 所示，1992 年到 2001 年，外资企业对我国直接投资从 111.56 亿元增加到 468.46 亿元，增长了 3 倍左右。从 1994 年开始，我国成为仅次于美国的第二大外资流入国，外商投资的企业数量从 1992 年的 84371 个增长到 2001 年的 202306 个，增长 1.4 倍。外商直接投资的产业中，制造业占据一半份额，而且逐年上升，2001 年，占比高达 56.1%；房地产业的比重在逐年下降，从 1997 年的 20.0%下降到 2001 年的 17.0%。与此同时，金融业、电力、燃气及水行业、交通运输仓储业、农林牧渔的外商直接投资的比重都在稳步上升，外商投资的行业逐渐多样化，结构不断完善。这表明我国利用外资的方式开始转变，从粗放型向质量效益型转变。这一时期我国的对外直接投资得到初步发展，在 1993—2001 年期间，我国企业对外直接投资总额达 130.06 亿美元，呈现逐年上升的趋势。但是我国对外直接投资起步较晚，加上政策不完善，企业的竞争力较弱，我国对外投资取得的效益微乎其微。

为了更好地吸引外资，促进外贸全面发展，进一步提高对外开放水平和改善投资环境，我国不断完善金融行业经营法规，不断取消外资银行分支机构在华设置的地域限制。与此同时，我国的金融机构不断走向国际市场，证券业也开始对外开放。这一阶段，我国的金融业发展较为明显。

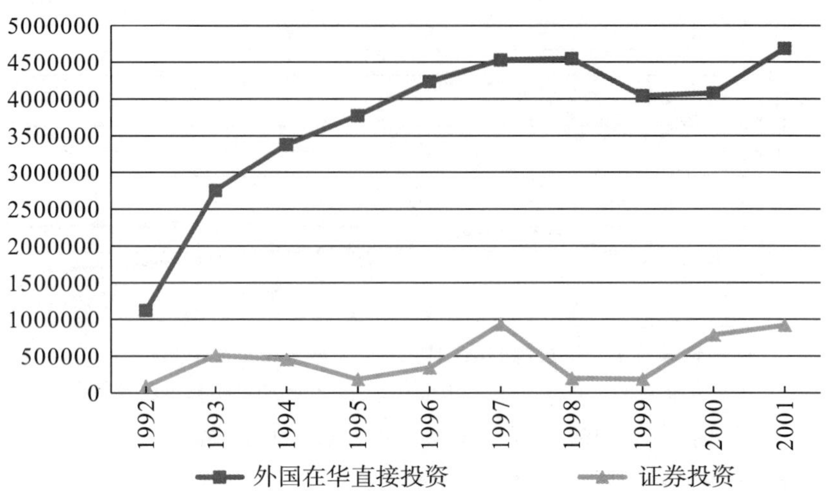

图 3－38　1992—2001 **年外商投资结构（万美元）**

数据来源：国家统计局、中经网统计数据库。

3.2.3　对外开放腾飞阶段

（1）开放格局。

2001 年，我国加入 WTO，对外开放打开新局面，开始与国际规则接轨。我国的经济包括对外经济和贸易进入黄金增长时期。为了促进世界贸易的发展，WTO 极力促进降低关税，减少贸易壁垒，我国为了达到 WTO 的要求，逐步规范外贸管理体制，降低关税，这一系列的措施极大促进了我国经济的对外发展。

（2）对外贸易发展。

如图 3－39、3－40 所示，我国加入 WTO 后，对外贸易蓬勃发展，出口额从 2001 年的 22024.44 亿元增长到 2016 年的 138419.29 亿元，增长了 5.3 倍，贸易依存度也是一路攀升，从 2001 年的 38.6％到次贷危机发生前夕，中国的贸易依存度达到最高值 64.4％。如图 3－41 所示，贸易顺差进一步被拉大，2008 年达到第一个高峰，进出口差额达 20868.41 亿元，金融危机后，中国贸易顺差逐渐回升，并在 2015 年达到顶峰，进出口差额高达 36830.73 亿元。

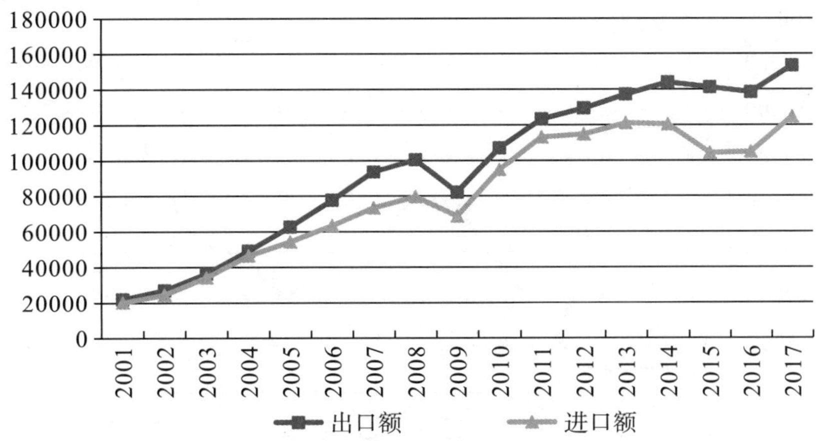

图 3—39　2001—2017 年我国进出口额（亿元）

数据来源：国家统计局、中经网统计数据库。

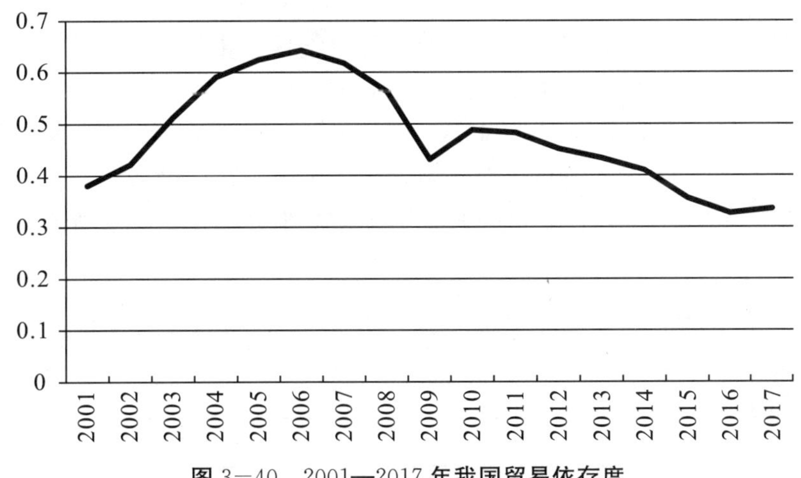

图 3—40　2001—2017 年我国贸易依存度

数据来源：国家统计局、中经网统计数据库。

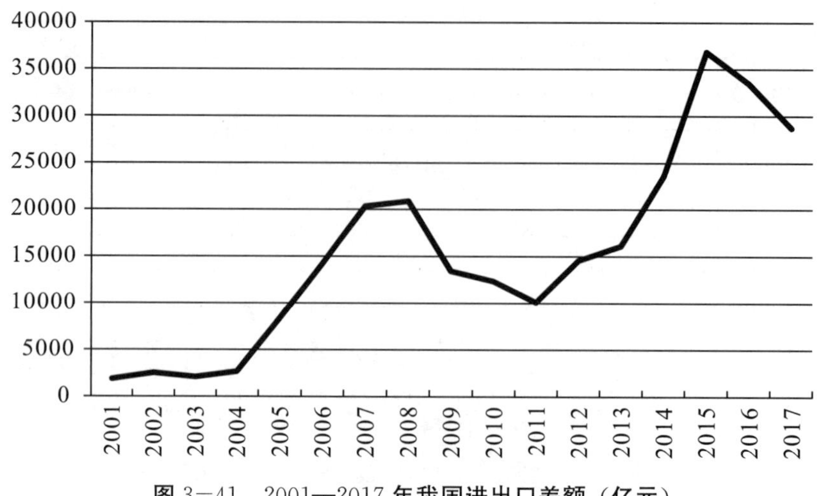

图 3－41　2001—2017 年我国进出口差额（亿元）

数据来源：国家统计局、中经网统计数据库。

如图 3－42、3－43 所示，我国对外出口结构逐步优化，工业制成品所占比重继续上升，2015 年达到最大值，占比 95.4％。其中机械及运输制品占比稳步上升，2009 年，其在工业制品中的占比首次超过 50％。进入 21 世纪后，我国开始承接以 IT 为主导的国际产业，促进了我国高新技术的迅速发展。资本密集型产品出口比重在 2003 年超过劳动密集型产品出口，成为我国的主导出口产品。

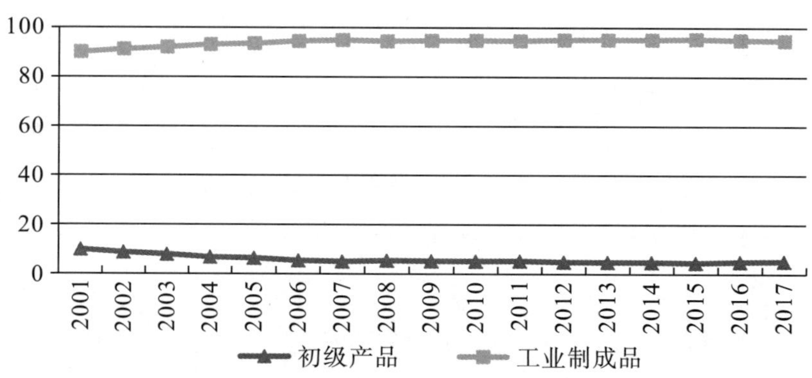

图 3－42　2001—2017 年我国出口结构占比（％）

数据来源：国家统计局、中经网统计数据库。

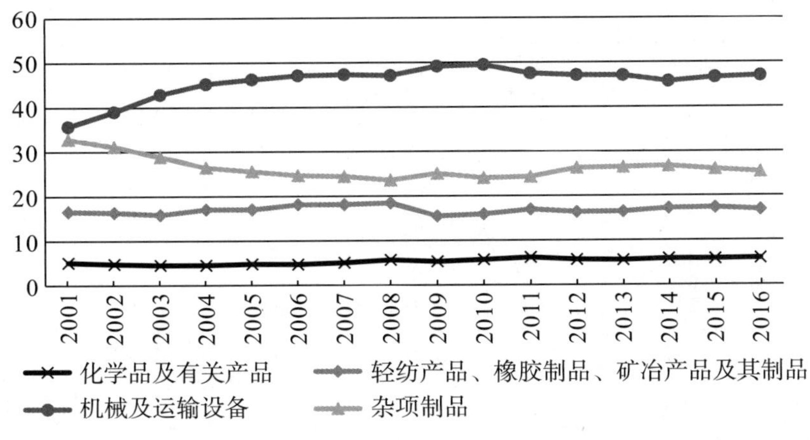

图 3—43　2001—2016 年我国工业制成品出口结构占比（%）

数据来源：国家统计局、中经网统计数据库。

据表 3—2，加入 WTO 后，我国对外出口的范围也进一步扩大，亚洲地区虽然仍是我国对外出口的主要阵地，但是在 2009 年以前，比重逐步降低，而次贷危机后，比重又逐步上升到 50%。与此同时，我国对欧洲、非洲以及拉丁美洲的出口份额不断上升，对外贸易不断多样化。我国的贸易伙伴也在逐渐变化，据表 3—3，我国对日本的出口比重下降得最快，从 2001 年的 16.9%下降到 2015 年的 6%，下降了 11 个百分点，对美出口的份额也在稳步下降。同时，我国对欧盟出口不断上升，并在 2007 年首次超过美国，使欧盟成为我国出口第一大伙伴。随着中国—东盟自由贸易区的建立，我国与东盟的贸易联系日益密切，2016 年我国对东盟出口份额上升到 11.8%，东盟超越韩国，成为我国第五大出口贸易伙伴。

表 3—2　2002—2016 年中国对各大洲出口占比

年份	亚洲	非洲	欧洲	拉丁美洲	北美洲	大洋洲
2002 年	0.526	0.021	0.179	0.029	0.228	0.016
2003 年	0.508	0.023	0.201	0.027	0.224	0.017
2004 年	0.498	0.023	0.206	0.031	0.225	0.017
2005 年	0.481	0.025	0.217	0.031	0.229	0.017
2006 年	0.470	0.028	0.222	0.037	0.226	0.017
2007 年	0.465	0.031	0.236	0.042	0.207	0.017
2008 年	0.464	0.036	0.240	0.050	0.192	0.018

续表

年份	亚洲	非洲	欧洲	拉丁美洲	北美洲	大洋洲
2009 年	0.473	0.040	0.220	0.048	0.199	0.021
2010 年	0.464	0.038	0.225	0.058	0.194	0.021
2011 年	0.474	0.038	0.218	0.064	0.184	0.022
2012 年	0.491	0.042	0.193	0.066	0.186	0.022
2013 年	0.513	0.042	0.184	0.061	0.180	0.020
2014 年	0.507	0.045	0.187	0.058	0.182	0.020
2015 年	0.501	0.048	0.177	0.058	0.193	0.022
2016 年	0.496	0.044	0.186	0.054	0.197	0.023

表 3—3　2001—2016 年我国对各地出口占比

年份	日本	韩国	欧盟	美国	东盟
2001 年	0.169	0.047	0.167	0.204	0.067
2002 年	0.149	0.048	0.162	0.215	0.070
2003 年	0.136	0.046	0.180	0.211	0.068
2004 年	0.124	0.047	0.183	0.211	0.071
2005 年	0.110	0.046	0.191	0.214	0.071
2006 年	0.095	0.046	0.196	0.210	0.072
2007 年	0.084	0.046	0.200	0.191	0.076
2008 年	0.081	0.052	0.204	0.176	0.079
2009 年	0.081	0.045	0.196	0.184	0.087
2010 年	0.077	0.044	0.196	0.180	0.085
2011 年	0.078	0.044	0.187	0.171	0.087
2012 年	0.074	0.043	0.162	0.172	0.097
2013 年	0.068	0.041	0.152	0.167	0.107
2014 年	0.064	0.043	0.157	0.169	0.112
2015 年	0.060	0.045	0.156	0.180	0.118
2016 年	0.062	0.045	0.161	0.184	0.118

(3) 对外金融发展。

如图3－44所示，1991年之后，我国实际利用外资的总额快速上升，2017年达到1310亿美元，较1991年增长了10倍左右。外商直接投资的行业范围也不断扩大，扩展到租赁、信息传输、计算机等服务业、批发零售和科研等行业，而且服务业和科研方面的份额不断增加，租赁和商务服务业、批发零售业分别位列外商投资的第三、第四位。此阶段，外商独资和跨国并购成为外商投资的主要形式。

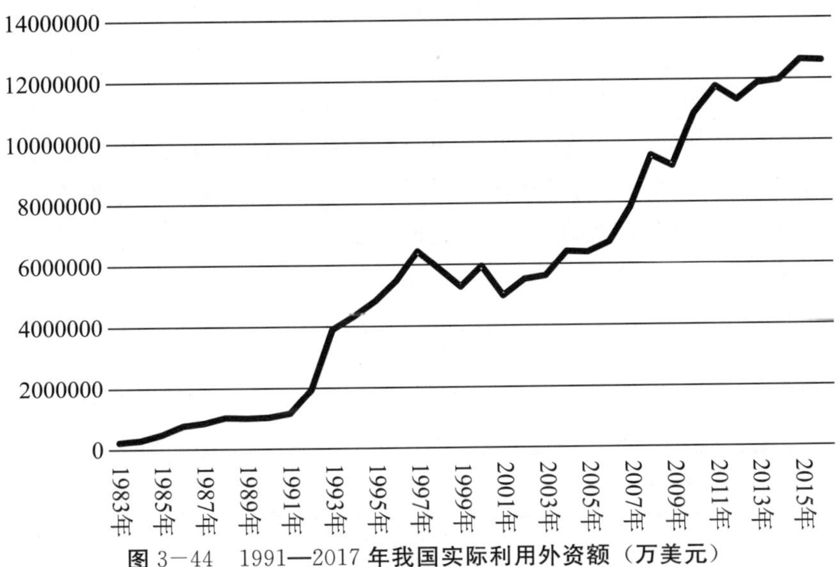

图3－44　1991—2017年我国实际利用外资额（万美元）

数据来源：国家统计局、中经网统计数据库。

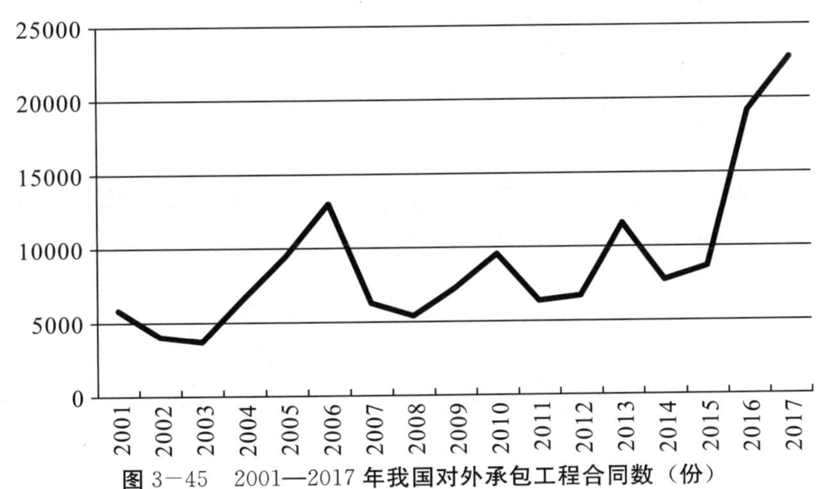

图3－45　2001—2017年我国对外承包工程合同数（份）

数据来源：国家统计局、中经网统计数据库。

我国的“走出去”战略在这一阶段得到快速发展。如图 3－45、3－46 所示，2001 年我国对外承包工程合同数为 5836 份，2006 年达到第一次高峰，合同数为 12996 份，次贷危机之后，我国对外承包缓慢发展，在 2017 年达到最高值。对外承包所涉金额也在逐步增加，从 2001 年的 130.39 亿美元增加到 2016 年的 2652.8 亿美元，增长了 19.3 倍。此阶段，我国对外投资快速发展，2007 年我国对世界直接投资额约为 265 亿美元，到 2016 年，对外直接投资总额约为 1961 亿美元，增长了约 6.4 倍。据表 3－4。2007 年，亚洲成为我国对外投资的主要阵地，投资额占比超过 60%，其次就是拉丁美洲和非洲。2007 年至 2016 年，我国对欧洲和北美洲的投资逐渐上升。我国大型企业也走出国门，如海尔、光明、中兴等企业在海外设立分部并参与国外企业的并购，促进了我国企业的海外投资。① 我国加入 WTO 之后，取消了外资银行办理外汇业务的地域和客户限制，对外开放区域从沿海到沿江再到内陆省会城市，引导外资企业走向内陆，促进我国西部和东北地区的发展。

1978 年至 2017 年我国宏观经济指标见表 3－5、表 3－6。

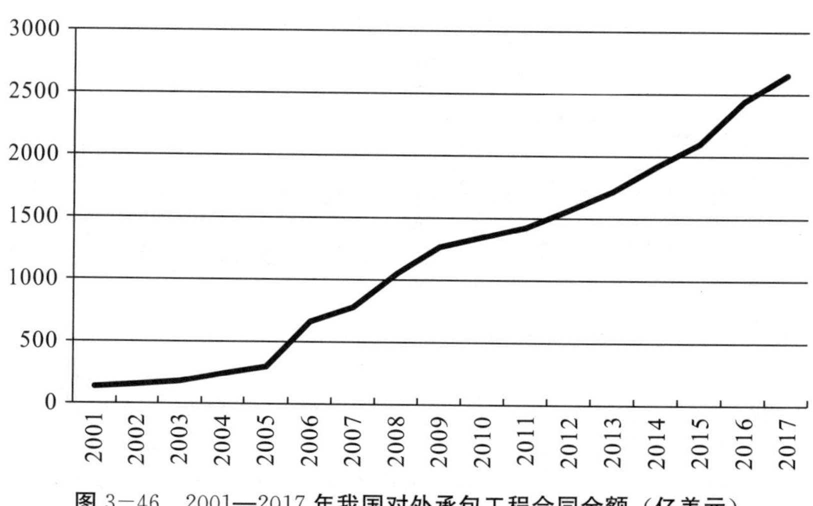

图 3－46　2001—2017 **年我国对外承包工程合同金额（亿美元）**

数据来源：国家统计局、中经网统计数据库。

① 刘韵妍. 中国对外直接投资、贸易与经济增长关系［D］. 重庆：重庆大学，2010.

表 3—4　2007—2016 年我国对各大洲直接投资额（万美元）

年份	总额	亚洲	拉丁美洲	非洲	欧洲	北美洲	大洋洲
2007 年	2650609	1659315	490241	157431	154043	112571	77008
2008 年	5590717	4354750	367725	549055	87579	36421	195187
2009 年	5652899	4040759	732790	143887	335272	152193	247998
2010 年	6881131	4489046	1053827	211199	676019	262144	188896
2011 年	7465404	4549445	1193582	317314	825108	248132	331823
2012 年	8780353	6478494	616974	251666	703509	488200	241510
2013 年	10784371	7560426	1435895	337064	594853	490101	366032
2014 年	12311986	8498803	1054739	320192	1083791	920766	433695
2015 年	14566715	10837087	1261036	297792	711843	1071848	387109
2016 年	19614943	13026769	2722705	239873	1069323	2035096	521177

数据来源：国家统计局、中经网统计数据库。

表 3—5　1978—2017 年我国宏观经济指标（第一部分）

年份	国内生产总值（亿元）	人均 GDP（元）	最终消费贡献率（%）	投资贡献率（%）	出口贡献率（%）	第一产业增加值（亿元）	第二产业增加值（亿元）	第三产业增加值（亿元）
1978 年	3678.7	385.0	38.32	67.0	−5.3	1018.5	1755.2	905.1
1979 年	4100.5	423.0	83.5	19.6	−3.1	1259.0	1925.4	916.1
1980 年	4587.6	468.0	77.3	20.9	1.79	1359.5	2204.7	1023.4
1981 年	4935.8	497.0	89.4	−1.7	12.3	1545.7	2269.1	1121.1
1982 年	5373.4	533.0	56.1	23.5	20.4	1761.7	2397.7	1214.0
1983 年	6020.9	588.0	74.4	33.5	−7.9	1960.9	2663.0	1397.0
1984 年	7278.5	702.0	68.7	41.8	−10.5	2295.6	3124.8	1858.1
1985 年	9098.9	866.0	71.1	79.8	−50.9	2541.7	3886.5	2670.7
1986 年	10376.2	973.0	50.1	15.9	34	2764.1	4515.2	3096.9
1987 年	12174.6	1123.0	41.2	26.3	32.5	3204.5	5274	3696.2
1988 年	15180.4	1378.0	43.3	55.8	0.9	3831.2	6607.4	4741.8
1989 年	17179.7	1536.0	81.2	−2.4	21.2	4228.2	7300.9	5650.6
1990 年	18872.9	1663.0	91.6	−74.6	82.9	5017.2	7744.3	6111.4
1991 年	22005.6	1912.0	60.6	37.8	1.6	5288.8	9129.8	7587.0

续表

年份	国内生产总值（亿元）	人均 GDP（元）	最终消费贡献率（%）	投资贡献率（%）	出口贡献率（%）	第一产业增加值（亿元）	第二产业增加值（亿元）	第三产业增加值（亿元）
1992 年	27194.5	2334.0	56.1	53.0	−9.1	5800.3	11725.3	9668.9
1993 年	35673.2	3027.0	57.4	55.7	−13.1	6887.6	16473.1	12312.6
1994 年	48637.5	4081.0	34.8	34.3	30.9	9471.8	22453.1	16712.5
1995 年	61339.9	5091.0	46.2	46.6	7.2	12020.5	28677.5	20641.9
1996 年	71813.6	5898.0	61.7	34.5	3.8	13878.3	33828.1	24107.2
1997 年	79715.0	6481.0	42.3	15.1	42.6	14265.2	37546.0	27903.8
1998 年	85195.5	6860.0	64.6	28.8	6.6	14618.7	39018.5	31558.3
1999 年	90564.4	7229.0	88.1	21.7	−9.8	14549.0	41080.9	34934.5
2000 年	100280.1	7942.0	78.1	22.4	−0.5	14717.4	45664.8	39897.9
2001 年	110863.1	8717.0	49.0	64	−12.9	15502.5	49660.7	45700.0
2002 年	121717.4	9506.0	55.6	39.8	4.6	16190.2	54105.5	51421.7
2003 年	137422.0	10666.0	35.4	70	−5.4	16970.2	62697.4	57754.4
2004 年	161840.2	12487.0	42.6	61.6	−4.3	20904.3	74286.9	66648.9
2005 年	187318.9	14368.0	54.4	33.1	12.5	21806.7	88084.4	77427.8
2006 年	219438.5	16738.0	42.0	42.9	15.1	23317.0	104361.8	91759.7
2007 年	270232.3	20505.0	45.3	44.1	10.6	27788.0	126633.6	115810.7
2008 年	319515.5	24121.0	44.2	53.2	2.6	32753.2	149956.6	136805.8
2009 年	349081.4	26222.0	56.1	86.5	−42.6	34161.8	160171.7	154747.9
2010 年	413030.3	30876.0	44.9	66.3	−11.2	39362.6	191629.8	182038.0
2011 年	489300.6	36403.0	61.9	46.2	−8.18	46163.1	227038.8	216098.6
2012 年	540367.4	40007.0	54.9	43.4	1.67	50902.3	244643.3	244821.9
2013 年	595244.4	43852.0	47.0	55.3	−2.3	55329.1	261956.1	277959.3
2014 年	643974.0	47203.0	48.8	46.9	4.3	58343.5	277571.8	308058.6
2015 年	689052.1	50251.0	59.7	41.6	−1.3	60862.1	282040.3	346149.7
2016 年	743585.5	53935.0	66.5	43.1	−9.6	63672.8	296547.7	383365.0
2017 年	827121.7	59660.0	58.8	32.1	9.1	65467.6	334622.6	427031.5

数据来源：国家统计局、中经网统计数据库。

表 3-6　1978—2017 年我国宏观经济指标（第二部分）（%）

年份	第一产业占比	第二产业占比	第三产业占比	第一产业对GDP的贡献率	第二产业对GDP的贡献率	第三产业对GDP的贡献率	农林牧渔业	工业	批发和零售业	金融业	房地产业
1978年	27.7	47.7	24.6	9.8	61.8	28.4	27.9	44.1	6.6	2.1	2.2
1979年	30.7	47.0	22.3	20.9	53.6	25.6	31	43.6	4.9	1.9	2.1
1980年	29.6	48.1	22.3	−4.8	85.6	19.2	29.9	43.9	4.2	1.9	2.1
1981年	31.3	46.0	22.7	40.5	17.7	41.8	31.6	41.9	4.7	1.9	2.0
1982年	32.8	44.6	22.6	38.6	28.8	32.6	33.1	40.6	3.2	2.4	2.1
1983年	32.6	44.2	23.2	23.9	43.5	32.7	32.9	39.8	3.3	2.8	2.0
1984年	31.5	42.9	25.5	25.6	42.7	31.7	31.8	38.7	5.0	3.2	2.2
1985年	27.9	42.7	29.4	4.1	61.2	34.8	28.2	38.2	8.8	3.2	2.4
1986年	26.6	43.5	29.8	9.8	53.2	36.9	26.9	38.6	8.2	3.9	2.9
1987年	26.3	43.3	30.4	10.2	55.0	34.8	26.6	38	8.7	4.2	3.1
1988年	25.2	43.5	31.2	5.4	61.3	33.4	25.5	38.3	9.8	4.3	3.1
1989年	24.6	42.5	32.9	15.9	44.0	40.1	24.8	38	8.9	6.3	3.3
1990年	26.6	41.0	32.4	40.2	39.8	20.0	26.8	36.6	6.7	6.1	3.5
1991年	24.0	41.5	34.5	6.8	61.1	32.2	24.3	37.0	8.3	5.4	3.5
1992年	21.3	43.1	35.6	8.1	63.2	23.7	21.6	38.0	8.8	5.4	4.0
1993年	19.3	46.2	34.5	7.6	64.4	23.0	19.5	39.9	7.9	5.3	3.9
1994年	19.5	46.2	34.4	6.3	66.3	27.4	19.7	40.2	7.8	5.3	3.9

续表

年份	第一产业占比	第二产业占比	第三产业占比	第一产业对GDP的贡献率	第二产业对GDP的贡献率	第三产业对GDP的贡献率	农林牧渔业	工业	批发和零售业	金融业	房地产业
1995年	19.6	46.8	33.7	8.7	62.8	28.5	19.8	40.8	7.8	5.2	3.8
1996年	19.3	47.1	33.6	9.3	62.2	28.5	19.5	41.1	7.8	5.1	3.6
1997年	17.9	47.1	35.0	6.5	59.1	34.5	18.1	41.4	7.9	5.2	3.7
1998年	17.2	45.8	37.0	7.2	59.7	33.0	17.4	40.1	8.1	5.1	4.0
1999年	16.1	45.4	38.6	5.6	56.9	37.4	16.3	39.8	8.3	5.0	4.1
2000年	14.75	45.5	39.8	4.1	59.6	36.2	14.9	40.1	8.1	4.8	4.1
2001年	14.0	44.8	41.2	4.6	46.4	49.0	14.2	39.6	8.2	4.7	4.3
2002年	13.3	44.5	42.2	4.1	49.4	46.5	13.6	39.3	8.2	4.6	4.4
2003年	12.3	45.6	42.0	3.1	57.9	39.0	12.6	40.3	8.1	4.4	4.5
2004年	12.9	45.9	41.2	7.3	51.8	40.8	13.2	40.6	7.7	4.1	4.4
2005年	11.6	47.0	41.3	5.2	50.5	44.3	12.0	41.6	7.5	4.0	4.5
2006年	10.6	47.6	41.8	4.4	49.7	45.9	11.0	42.0	7.5	4.5	4.7
2007年	10.3	46.9	42.9	2.7	50.1	47.3	10.6	41.3	7.7	5.6	5.1
2008年	10.3	46.9	42.8	5.2	48.6	46.2	10.5	41.2	8.2	5.7	4.6
2009年	9.8	45.9	44.3	4.0	52.3	43.7	10.1	39.6	8.3	6.2	5.4
2010年	9.5	46.4	44.1	3.6	57.4	39.0	9.8	40.0	8.7	6.2	5.7
2011年	9.4	46.4	44.2	4.2	52.0	43.8	9.7	39.9	8.9	6.3	5.8

续表

年份	第一产业占比	第二产业占比	第三产业占比	第一产业对GDP的贡献率	第二产业对GDP的贡献率	第三产业对GDP的贡献率	农林牧渔业	工业	批发和零售业	金融业	房地产业
2012 年	9.4	45.3	45.3	5.2	49.9	44.9	9.7	38.7	9.2	6.5	5.8
2013 年	9.3	44.0	46.7	4.3	48.5	47.2	9.6	37.4	9.5	6.9	6.0
2014 年	9.1	43.1	47.8	4.7	47.8	47.5	9.3	36.3	9.7	7.2	5.9
2015 年	8.8	40.9	50.2	4.6	42.4	52.9	9.1	34.3	9.6	8.4	6.1
2016 年	8.6	39.9	51.6	4.3	38.2	57.5	8.9	33.3	9.6	8.2	6.5
2017 年	7.9	40.5	51.6	4.9	36.3	58.8	—	—	—	—	—

数据来源：国家统计局、中经网统计数据库。

第4章

我国对外经济政策调整历程

自1978年改革开放以来，我国极大地推进了对外经济政策的调整，促进了我国对外经济贸易的发展，使其成为我国经济活动的重要组成部分。对外经济贸易与消费和国内投资，一起成为拉动我国经济增长的三驾马车。改革开放以来，我国对外贸易得到长足发展，进出口总额由1978年的355.0亿人民币增加到2017年的27.79万亿人民币，其中，出口额由167.6亿人民币增加到15.33万亿元人民币，进口额由187.4亿人民币增加到12.46万亿人民币，2017年我国的贸易顺差达到2.87万亿人民币。对外贸易的快速发展，拉动了我国经济的迅猛增长，1978年至2017年间，我国GDP平均增长率为9.58%，远高于同期世界GDP增长率3.49%。通过对对外经济政策的调整，我国对外贸易发展质量得以不断提升，贸易结构得以持续优化升级，贸易新模式、新业态发展较快，货物贸易步入高质量发展阶段，使得我国逐步向贸易大国迈进，在国际贸易中占据一席之地。

在改革开放四十周年之际，为了更好地回顾和总结我国对外经济政策调整取得的成就与经验，本章以改革开放为背景，对我国对外经济政策调整及其影响作简单梳理。自1978年改革开放后，我国根据国际环境、我国经济发展状况以及对外贸易不同发展阶段，审时度势，对我国对外经济政策进行调整，调整历程可分为四个阶段：一是目标探索阶段（1978—1991年），二是框架构建阶段（1992—2002年），三是逐步推进阶段（2003—2008年），四是全面深化阶段（2009年至今）。其中第四阶段细分为2009—2013年、2014年至今这两个阶段。

4.1 目标探索阶段（1978—1991 年）

这一阶段，我国对外经济政策调整可分为三个小阶段，前期由“计划贸易”向“进口替代”转变，中期将进口替代与出口导向相结合，后期逐步转向以出口导向为主。此阶段鼓励发展对外贸易，吸收外商直接投资，利用两种资源、两个市场，同时引进先进技术以及管理经验。

改革开放以前我国的计划经济体制高度集中，同时，由于国际环境使然，我国采取退出国际经济的闭关自守的对外经济政策，对外经济贸易以计划贸易为主，与此同时，受到国内思潮的影响，对外经济政策对推动我国对外经济发展的作用极为有限。① 改革开放后，我国意识到对外经贸的重要性，确立对外开放为我国的基本国策，开始调整对外经济政策，鼓励发展对外贸易，推动生产轻工业产品进行出口创汇，与此同时，我国对外经济政策也逐步由行政干预向市场导向转变，减少国家对对外贸易的直接控制，计划贸易逐渐消退。

1978 年至 1987 年间，我国政府出台了改革微观经营体制的政策方针。从外贸管理体制入手，主要通过放宽部分产品的外贸经营权，下放进口定价，实行外贸承包责任制等，减少计划贸易干预，扩大地方自营出口范围，成立了一批进出口公司和联营公司；通过出口退税、鼓励加工贸易等措施，刺激出口增长。1978 年，我国公布允许并且鼓励外资企业进行投资的政策。为了吸引投资，我国政府还先后制定了一系列优惠政策，推动招商引资，并且根据韩国、新加坡等国和我国台湾、香港等地区发展出口加工的经验，对广东、福建两省的对外经济贸易活动实行特殊政策并提供优惠措施。1980 年，我国将深圳、珠海、汕头、厦门 4 个城市设立为经济特区。1984 年，我国进一步开放了 14 个沿海港口城市，并在 4 年后将海南设立为第 5 个经济特区。我国为外资企业来我国投资营造良好的投资环境，鼓励外资企业来我国投资创办技术含量高的“外向型”外资企业。通过提供良好的投资环境和优惠政策，1991 年年底，我国共计吸引了 1683 家国外直接投资企业落户投资建厂，投资总额达到 33.5 亿美元。与此同时，国家开始逐步放宽对外贸易公司的数目限制，截至 1988 年底，全国大概有 5000 家国有制企业参与对外贸易活动，大约 10000 家制造企业的产品可以直接出口。

① 张宇燕，张幼文，李稻葵，等. 国际经济新变化与中国对外经济新政策［J］. 国际经济评论，2011（6）：28－37.

1980 年我国开始恢复实施关税政策，关税政策的实施在避免因贸易自由化出现的进口激增以及对外贸易赤字等问题的同时，还使我国获得了关税收入，增加了我国财政收入。这一时期，除了关税之外，还伴随着严重限制交易权利的非关税壁垒，如各种显性或隐性的行政垄断。贸易保护形式发生了改变，计划经济手段逐渐由关税和非关税壁垒等商业政策措施取代，我国贸易保护转向依赖关税等政策。1983 年，我国开始实施出口退税，对象包括钟表等货物，1985 年，国务院发布《关于对进出口产品征、退产品税或增值税的规定》，促进了我国现行出口退税制度的初步形成，1988 年，我国在流转税方面也进行了调整，建立了“征多少，退多少”的彻底退税制度。1987 年，我国初步建立进口配额制度，实行进口配额，涉及 42 种商品，服装纺织品等劳动密集型商品是其中的典型商品，与此同时，对多数商品都已经放开经营。

为了适应改革开放的要求和经济形势的变化，我国实行汇率双轨制，官方固定汇率体系与市场决定汇率体系并存，实行外汇留成方法。1980 年，我国外汇调剂市场得以初步建成，主要内容为对行业、地区、商品三者分门别类地在承包内的外汇收入实行有差别的外汇留成比例。1981 年起，我国人民币实行复汇率（多种汇率），依据一篮子货币加权平均计算得出牌价。1981 年至 1984 年间，官方牌价与贸易内部结算价同时存在。1985 年，我国取消贸易内部结算价制度，再一次实行单一汇率制度。1988 年以后，我国逐步形成了以市场供求为基础的汇率制度，形成汇率双轨制，放松了对外汇的管制。汇率双轨制推动了人民币贬值，鼓励我国沿海地区出口企业参与国际竞争，增大出口，我国对外贸易顺差不断扩大。这一时期，虽然外汇风险较小，但仍存在外汇监管制度不到位的问题。自此以后，我国的贷款规模随外贸商品出口同步增长，尤其是精加工制成品的出口量增长迅速，然而初级产品的附加值低而出口换汇成本较高，因此这个阶段的外汇储备增长缓慢，但出口创汇仍是我国当时对外贸易的主要目标。

改革开放后，我国开始重视对外经济关系，逐步完善我国对外经贸法律法规建设。1979 年，颁布了我国第一部涉外经济法律《中华人民共和国中外合资经营企业法》；1986 年和 1988 年分别颁布了《中华人民共和国外资企业法》和《中华人民共和国中外合作经营企业法》，为外商来华投资提供法律支持与保护，进一步放宽投资政策，放开一些关键领域，鼓励外国企业进行投资。1985—1986 年，我国意识到外向型经济的重要性，认识到我国经济发展必须面向国际化，加快与国际市场经济的整合，于是放弃了长期以来的“进口替代”战略，新的沿海城市发展战略得以推出并实施，我国开始由“进口替代”

逐步向“出口导向”转型，以此建立我国工业体系和保持我国经济的迅猛增长态势。1988—1990年，我国全面推行外贸承包责任制，在国家统一的政策指导下，外国企业进行自主经营，平等竞争。1991—1993年我国又推行了外贸企业自负盈亏制度，取消财政补贴，促进了公平竞争市场环境的形成。

总的来说，这一时期处于改革开放目标探索阶段，以吸引外商来华投资以及调动对外贸易部门经营积极性为主，在国家的统一管理下，开始放弃计划贸易，转变为进口替代与出口导向两者相结合，贸易政策为开放型贸易保护，推动了我国出口加工贸易体系的形成和成长，并且其体量超过传统贸易体系，在国民经济发展中处于主导地位。这一阶段，根据在国际贸易分工中所占地位以及对外贸易的发展情况可知，我国初步形成了以典型的劳动密集型商品出口、部分资本技术密集型商品进口为主的整体贸易结构。

4.2 框架构建阶段（1992—2002年）

这一时期，我国对外经济发展处于框架构建阶段，致力于建立和完善社会主义市场经济体制的大框架，深化市场经济改革，贸易保护政策倾向于贸易自由化，进口壁垒不断下降，贸易自由化的速度和力度都是史无前例的。我国开放具有点线面结合的特点，从最初的经济特区到沿海城市开放，再到沿江城市的开放，最后在西部大开发战略的实施，我国广大西部地区得以开放，至此，我国初步形成了全方位开放格局。我国在对外贸易方面持续采用关税减让和规范非关税措施；在外汇管理体制方面也进行了根本性的改革，实现汇率并轨，以市场供求为基础实行有管理的浮动汇率制度，同时，推出银行结售汇制，建立银行间外汇市场；同时，为了恢复关贸总协定的缔约国地位和加入WTO，我国依据GATT/WTO的规则，不断完善我国对外经济法律体系。这一时期，我国贸易政策调整由注重短期局部性转向注重长期全局性，同时由微观领域展开并向宏观领域延伸，经过调整，贸易政策得以进一步完善。

1992年，邓小平南方谈话后，我国陆续开放沿海、沿江、沿边城市，并将开放有序深入到广大西部内陆地区，同时，国家工商行政管理局也确立了对这些城市实行“先开放，后规范”的原则，以促进这些地区的对外开放。截至1992年，我国已经对外开放了154个海陆空一类口岸，是1978年的3倍。此外，全程10900千米，贯穿亚欧大陆的新亚欧大陆桥的开通运营，加强了我国与沿线国家地区的经贸联系。2000年，我国实行西部大开发战略，将对外开放推向纵深，延伸至广大西部内陆地区。经过20多年的对外开放，我国初步形成了经济特区—沿海开放城市—沿海经济开放区—内地的全方位、多层次、宽领域的对外开放格局。在对外开放不断向纵深推进时，我国在吸引、鼓励外商投资和外资利用方面也做出了进一步的努力，深化改革，努力为外商投资创造出一个比较宽松的环境。1992 年，我国在厦门举办“首届中国外商投资企业出口商品交易会”，同年我国在大连和广州兴建了两个保税区。1994 年，我国通过引进外资、国外先进技术设备在深圳市建立了大亚湾核电站。1998 年，国务院颁布《关于进一步扩大对外开放、提高利用外资水平的若干意见》。1999 年，国务院转发外经贸部等部门《关于当前进一步鼓励外商投资的意见》，其内容主要包括四个方面：一是鼓励外资企业进行技术研发和创新；二是对外商投资企业给予金融扶持，并且加大扶持力度；三是鼓励外商到中西部广阔内陆地区进行投资；四是不断完善对外商投资企业的管理和服务等。吸引外商投资的同时，1998 年，我国开始实施“走出去”战略，目的在于鼓励、支持我国企业积极开拓国际市场，走出国门参与国际竞争，努力在国际贸易市场中占有一定市场份额，并为之制定了外贸发展基金等相关配套措施。以上措施，有力地推动了我国改革开放和社会主义现代化建设，促使我国更好地利用国内、国外两个市场、两种资源，更好地利用国外的资金，学习先进的技术和管理经验，更好地开展沿海同内地的横向联系与协作，促进和带动全国经济健康有序地发展。

自 1992 年起，我国贸易自由化进程开始发生转变，在进口方面的转变尤为显著。我国对进口制度相关内容进行了大刀阔斧的改革，通过关税减让和规范非关税措施等手段，推动我国贸易向自由化发展。1992 年，我国取消了进口调节税，同时，依照 HS 编码协调制度，下调了 225 个税目的进口税率，逐步减少和取消配额以及进口限制等非关税壁垒措施。1994 年，我国取消进出口指令性计划，取消了近千种出口商品的配额和许可证，实际关税水平得以持续降低，并且出口关税逐步与 WTO 中的发展中国家趋同。1995 年、1996 年两年间，我国对出口退税率连续两次进行了调整，税率得以下降。1997 年，我国对进口关税主动做出调整，此次调整具有进口关税税率下调幅度大、范围广（涉及 4874 个税号）的特点，平均降幅达到 26%，关税算术平均税率从 23%降低至 17%。但是，1998 年，我国为了刺激出口创汇，又多次调高出口退税率。截至 2000 年，我国关税总水平已经下降至 16.4%。这一时期，除了关税减让外，我国还对关税优惠政策进行了调整和规范。1998 年，对国家鼓励发展的国内投资项目和外商投资项目进口设备在规定范围内，免征进口关税；1999 年起，已设立的鼓励类和限制类外商投资企业、具有先进技术和以产品出口为主的外商投资企业以及外商投资设立的研究开发中心，在进口设备时在规定的范围内可以不缴纳进口关税[①]；2000 年，我国通过提高进口商品的技术指标以及规格，缩小了国内投资项目进口设备的免税范围。这一时期，我国关税政策保护发生了转变，由内向逐渐转变为开放，对外贸易倾向自由化。这一转变，一方面调整优化了我国关税结构，改善了我国的外贸环境，扩大了外资的利用规模，促进了我国与世界各国正常贸易的发展；另一方面间接影响了我国进出口产品结构。我国劳动密集型产业优势比较显著，为我国成为出口贸易大国奠定了基础。但与此同时，该时期我国进口关税制度还不够完善，不能覆盖整个贸易范围，进口关税有效保护率与发达国家还存在着一定的差距。

在框架构建的背景下，1994 年，我国对外汇管理体制进行了大刀阔斧的改革，改革主要包括三个方面：一是取消汇率双轨制，实施汇率并轨；二是对外汇管理实行银行结售汇制；三是建立银行间外汇市场。期间，我国逐步建立起以市场供求为基础的、单一的、有管理的浮动汇率制度，在实现了人民币经常项目可兑换的同时，有序地放开了部分资本项目的兑换，建立起了全国统一的银行间外汇交易市场，为各外汇指定银行解决结售汇综合头寸和清算服务。

经过 1994 年汇率改革，浮动汇率制度形成，推动了人民币汇率形成机制的根本性改变。人民币汇率的生成以外汇市场的供给需求情况为基础，中国人民银行对汇率的调控逐步由市场调节取代行政手段调节；根据外汇市场上美元兑人民币的加权平均价，中国人民银行公布主要交易货币兑换人民币的基准汇率，即对汇率进行统一管理；为维持银行间外汇市场的稳定性和流动性，中国人民银行对汇率波动进行管理，同时运用货币政策等经济手段，调节外汇供给需求，稳定汇率。这一阶段，人民币贬值 33.3%，为我国出口贸易提供了有利条件，推动了我国出口贸易的进一步发展。1997 年爆发亚洲金融危机，亚洲一些经济大国的经济开始小跳，我国为稳定人民币币值，主动调整汇率，使得人民币汇率浮动区间范围变小。此时，我国重新实行人民币盯住美元政策，汇率稳定在 1 美元兑换 8.27 元人民币，几乎一成不变，直到 2005 年汇率改革，才放弃人民币盯住美元的行为。

1992 年，在我国经济实力增强和对外贸易长足发展的背景下，国家外汇管理局提出逐步实现人民币的自由兑换。1993 年，在上缴中央外汇领域中引入市场机制，有偿上缴外汇改由中国人民银行收购。1994 年 1 月 1 日，我国对汇兑制度进行了改革，主要内容包括取消外汇留成和实施银行结售汇制度。

① 谢碧云. 中国关税政策的演变及启示 [J]. 魅力中国，2014 (1)：63－64.

1996年，我国正式实行《中华人民共和国外汇管理条例》，取消对经常项目中的非贸易、非经营性交易的汇兑限制。同年6月，中国人民银行发布了《结汇、售汇及付汇管理规定》，把外企纳入我国银行结售汇体系。同年7月，国家外汇管理局正式实行《境内居民因私兑换外汇办法》，该办法在扩大外汇供给范围的同时还提高了外汇供给的标准。同年12月，我国接受《国际货币基金组织协定》，在该协定的要求下，有序地实现了人民币经常项目可兑换，我国外汇管理体制改革取得重大进展。此次汇率改革增强了汇率的灵活性，完善了外汇市场，增加了国外投资者换汇的便利性，降低了其交易成本。在其推动下，我国国外投资资金流入增长迅猛。1996年，我国外商投资额达421.36亿美元，增长率为11.45%①。

这一阶段，我国依据GATT/WTO的国际规则，结合我国经济发展和对外贸易状况，逐步完善我国对外经贸法律法规建设。1993年1月，国务院颁布《中华人民共和国国家货币出入境管理办法》，对人民币出入境实施限额管理，限额额度为6000元。1994年2月，国务院发布《中华人民共和国外资金融机构管理条例》，目的在于规范国外投资金融机构行为和保障我国的社会公共利益。1994年3月，第八届全国人大常委会第六次会议通过《中华人民共和国台湾同胞投资保护法》，1999年，国务院发布《中华人民共和国台湾同胞投资保护法实施细则》，吸引台湾同胞到大陆投资，促进两岸交流合作，加强两岸经济联系。1994年5月，全国人民代表大会常务委员会通过《中华人民共和国对外贸易法》，标志着我国对外贸易基本法的建立，为我国对外贸易的发展提供了法律保障。1995年，我国发布《国务院关于股份有限公司境内上市外资股的规定》，目的在于规范股份制有限公司境内上市、外资股的发行和交易行为，充分保护投资者的合法权益。2001年，国务院发布了《外商投资电信企业管理规定》，外商企业得以通过合资的形式进入我国电信行业，同年，国务院发布《中华人民共和国技术进出口管理条例》。2002年还修定了《外商投资产业指导目录》，扩大了服务业的开放范围。期间，国务院先后颁布了《中华人民共和国反补贴条例》《指导外商投资方向规定》以及《中华人民共和国导弹及相关物资和技术出口管制条例》三部法律法规。在框架构建阶段，我国以对外经济贸易基本法律为基础，同时以有关部门经济法作为配套，以行政法规作为补充，初步形成了具有中国社会主义特色的对外经济贸易法律体系。

---

① 董筱丹，薛翠，温铁军. 改革以来中国对外开放历程的演变及其内在逻辑［J］. 中国经济史研究，2012（2）：146－158.

我国对外经济贸易的经营管理趋向法制化，并逐步与国际接轨，符合国际经济通行准则。

这一时期，经过 20 多年的改革开放，我国不仅对外经贸质量和水平得到进一步提高，还得到了国际社会的认可。1998 年，欧盟理事会通过了欧盟委员会的提议，不再将中国视为“非市场经济”国家，且在 2000 年，美国正式给予中国永久性正常贸易关系地位，由此可见我国社会主义市场经济体制改革已取得一定成效。与此同时，我国在复关以及后来的入世进程中做出的努力也取得了卓越成效，2001 年 12 月，我国正式成为世界贸易组织第 143 位成员，进一步推进改革开放、增加就业机会、提高人民生活水平。至此，我国改革开放进入了新阶段。

4.3 逐步推进阶段（2003—2008 年）

自 2001 年成为世界贸易组织正式成员起，我国对对外经济贸易进行改革的力度加强、速度加快，标志着我国对外经济政策调整进入逐步推进阶段。这一阶段，为了顺利融入 WTO 多边贸易体制，我国对对外贸易体制以及相关贸易政策进行了变革，实行统一开放的对外贸易制度，对外贸易政策逐步转向自由贸易，放宽经营权，同时注重政策内外协调，贸易体制逐步与国际接轨；依据 WTO 规则，对于与贸易有关的法律法规进行了清理和调整，建立起了比较完善的对外贸易法律体系；进一步推进汇率市场改革，放弃人民币盯住单一美元的政策，建立起以市场供给需求为基础、参考一篮子货币进行调节的有管理的浮动汇率制度；主动调低关税水平，减少非关税贸易壁垒措施和进口许可证数量，同时还主动调低了部分产品出口退税率。这一时期，世界贸易组织非歧视性原则在一定程度上制约了我国对外贸易政策的走向，对此，我国采取了适度保护和温和的鼓励出口的贸易政策①。

这一阶段，在对外经贸法律法规方面，我国依照 WTO 规则并结合我国对外经贸发展状况，清理和调整了对外经贸相关法律、行政法规、部门规章，逐步建立起符合 WTO 规则，并相对完善的对外贸易法律体系。2003 年，国务院发布《中华人民共和国进出口关税条例》。次年，国务院依据《中华人民共和国对外贸易法》对反倾销和反补贴相关条例进行修改，维护对外贸易秩序和公平竞争，促进对外经济贸易和国民经济的发展，奠定了我国对外贸易法律的

① 曹芬芬. 我国当前国际贸易政策探析 [J]. 全国商情：经济理论研究，2014 (23)：93-94.

基础。2005 年，国务院发布《中华人民共和国进出口商品检验法实施条例》和《中华人民共和国海关统计条例》两条行政法规。2008 年，国务院发布《对外承包工程管理条例》，规范对外承包工程行为；同年，还发布了《中华人民共和国外汇管理条例》，规范外汇行为，同时加强对外汇的管理，以促进我国国际收支平衡。

这一阶段的对外经贸法律法规调整，满足了国家监测进出口情况的需要，同时对部分自由进出口的货物实行进出口自动许可管理，进而达到维护对外贸易经营秩序，推动我国中小企业开展对外贸易业务，参与国际市场竞争的目的。这一阶段调整的可圈可点之处在于根据 WTO 规则，借鉴贸易大国立法举措，添加了与对外贸易有关的知识产权保护的内容。其主要内容包括三个方面：第一，关于对外贸易活动中知识产权侵权的规定，为对外贸易活动所涉及的知识产权保护提供了有力的法律支持；第二，防止出现知识产权权利人滥用权利或利用其自身优势进行不公平贸易活动的行为，维护了知识产权贸易秩序；第三，在进行经济贸易活动时，确保我国企业知识产权保护能够得到该国家或地区国民待遇，目的在于在严峻的国际贸易形势下，为我国企业在对外贸易活动中的知识产权提供法律保障，维护我国企业的对外贸易利益。总的来说，这一阶段对对外贸易方面的法律法规所进行的调整，为维护对外贸易秩序和保护对外贸易经营者的合法权益提供了法律保障和支持，进而提高了我国对外开放程度，促进了我国对外贸易发展，在我国发展社会主义市场经济方面起到了举足轻重的作用。

在这一阶段，依据国内外经济金融形势，中国人民银行对外汇管理做了进一步的深化改革，建立起与对外贸易发展现状相适应的外汇管理制度。这一时期，我国经济增长迅猛，对外开放程度进一步提高，同时市场对人民币升值预期强化，这些因素导致了我国外汇储备和外汇占款增加速度大幅提升。为了应对该变化，中国人民银行开始大规模发行票据进行对冲，进而导致人民币盯住美元的汇率制度成本上升。为应对经济形势变化带来的挑战，我国于 2005 年对汇率制度进行改革，放弃了以往盯住美元的汇率制度，取而代之的是以市场供求为基础、参考一篮子货币进行调节的有管理的浮动汇率制度。中国人民银行对美元兑换人民币官方汇率进行调整，汇率由之前的 1 美元兑换 8.27 元人民币调整为 8.11 元人民币。同时，中国人民银行对人民币兑换美元汇率每日的浮动范围进行限制，即不超过或不低于上一个交易日的 3‰，对非美元限制为不超过或不低于 1.5%。2005—2008 年，人民币持续升值，每一年升值的幅度分别为 1%、3%、5%、11%。至 2008 年，人民币自 2005 年汇率改革以来升值幅度高达19%。这阶段汇率改革主要依据三大原则：主动性、可控性以及渐进性，通过对汇率基准价格和挂牌汇价体系的调整，适当扩大了人民币汇率浮动范围区间。与此同时，在我国汇率水平和外汇储备管理制度的进一步调整过程中，我国外汇交易制度也在不断完善，使得人民币汇率制度更富弹性和市场化。然而，我国汇率改革采取"参考"而不是"盯住"货币篮子的方式，使得人民币汇率更具波动性，同时，政府其他职能部门也容易影响中国人民银行对汇率政策的决策。

这一阶段，对关税和非关税壁垒方面的调整主要体现在我国入世时做出的承诺，该承诺包含以下五方面：逐步降低关税总水平；依据国际通行规则，调整关税制度；全面实施WTO的海关评估制度；调整进口关税减免政策；缩小关税税率的落差。该举措进一步降低了关税水平，减少了进出口许可证数量，并且结合我国出口商品贸易结构实际情况，逐步降低了相关商品的出口退税率。2004年，我国对209项商品实施进口最惠国暂定税率，对24个税目商品实行出口暂定税率，并调整进口卷烟消费税税率，同年，正式施行《中华人民共和国进出口关税条例》。2005年，我国对部分产品的出口退税率做出了调整，取消了稀土金属等商品的出口退税，同时提高了部分高新技术产品的出口退税率，鼓励高新技术企业的发展。这一年，我国关税调整幅度较大，关税总水平由10.4%下降到9.9%。2006年，我国出台了结构性退税政策，同时对汽车等商品的进口关税税率做出了调整，降低小轿车等42个税目的最惠国税率。2007年，我国降低出口退税的范围更广、力度更强，接连进行了三次调整，同时调整我国进出口关税税则，有选择地对部分国家的产品实施协定税率和特惠税率。2007年，我国关税总水平下降到9.8%。

入世后，我国在服务业行业的开放取得重大进展，开放规模不断扩大，开放质量显著提升。在加入WTO后，我国依据《服务贸易总协定》做出承诺——我国将逐步有序地开放服务业市场，并且放宽该行业市场准入限制，以及给予国外投资者国民待遇。在该承诺下，国外投资进入我国服务业的范围明显扩大。至2006年，我国已经完成了在加入WTO谈判时承诺的开放服务业的义务，扩大开放的范围逐步由外资已经进入较多的行业拓展到众多开放程度比较低的行业。期间，服务业外商直接投资（FDI）流入额增长速度很快，2006年达到了12%，同时在吸引外资总额中所占比重从入世前的23.85%提高到2006年的31.60%。2004年，我国服务出口世界排名为第16名，进口为第15名；2005年显著上升，出口、进口世界排名都上升到第10位。世界贸易组织资料显示，2005年我国服务业进出口总额高达1582亿美元，占世界服务贸易比重为3.3%。

这一阶段，我国将“继续市场多元化和科技兴贸”作为对外贸易的战略核心，营造创新氛围，建设创新型国家；开始转变对外经济贸易方向和增长方式，出口创汇不再是贸易政策的首要目标，同时，我国开始注重国内外经济的均衡发展，并积极促进产业结构调整和产业转型升级；我国对外经贸主管部门的职能也发生了转变，由行政领导为主转向以服务为主。总的来说，我国加入世界贸易组织后实施的自由贸易政策，推动我国比较优势得到了进一步发展，我国对外贸易环境得以改善，对外经济贸易取得长足发展。

4.4 全面深化阶段（2009年至今）

2008年美国爆发次贷危机，进而引发全球金融危机，导致世界经济增长明显放缓，甚至陷入衰退。世界各国出于保护本国利益的考虑，都在一定程度上采取了贸易保护措施。世界贸易的严峻形势对我国对外经济贸易的发展产生了前所未有的挑战。至此，我国对外经济政策调整进入了全面深化阶段，这一时期以2013年美国推出量化宽松政策为节点，分为危机时代（2009—2013年）和后危机时代（2014年至今）两个阶段。

4.4.1 危机时代（2009—2013年）

这一时期，全球金融危机愈演愈烈，严重影响了世界经济的健康发展，扰乱了世界经济贸易秩序，多数国家经济发展陷入停滞，进口锐减，我国进出口贸易受到冲击。2008年至2009年，我国进口额由11325.7亿美元下降到10059.2亿美元，出口额由14306.9亿美元下降到12016.1亿美元，进出口总额由25632.6亿美元下降到22075.4亿美元。面对这一严峻形势，我国提出了“保出口”的对外贸易基本战略，稳定我国产品在国际市场中所占份额。为应对金融危机和贸易保护措施的兴起，我国对进出口关税做出了调整并积极参与双边自由贸易区谈判，建立自由贸易区，应对他国贸易壁垒。2010年，我国重启汇率改革，对人民币汇率形成机制进行深化改革。

这一时期，我国对出口退税率进行了多次调整，其中对涉及服装纺织行业的产品进行的调整多达4次（服装纺织行业为劳动密集型产业），对涉及机电产品的调整多达5次（机电产品出口全额退税占比最大）。我国出口产品以纺织品等劳动密集型产品和机电产品为主，该举措体现了我国这一时期面对严峻的国际贸易形式“保出口”的对外贸易基本战略。我国还对石化、钢铁、有色金属等行业的部分产品提高了出口退税率，以此促进我国产业转型升级和优化布局。另外，我国对出口退税率做出了调整和合并，取缔了11%和14%这两个档次，由原来的9档调整为7档。在进口关税方面，我国自2009年起，对670多种商品实行进口暂定税率，税率都比较低，并对相关产品征收同样的暂定税率，该举措的主要目的在于促进新技术引进和关键设备推广。同时，为了缓解国内相关企业面临的窘境，国家降低了部分国内相关企业需求较大的生产性原料的进口关税。另外，我国对许可证管理货物目录进行了数次调整，并减少对进口产品的行政限制，这一调整使得进口配额和许可证管理商品的范围得以缩小，对越来越多的商品实行放开经营。

这一阶段，除了对关税做出调整以外，我国还积极参与双边自由贸易谈判并取得了重大进展。2008年我国与新西兰签署了《中华人民共和国政府和新西兰政府自由贸易协定》，建立中国-新西兰自由贸易区。同年10月，我国和新加坡签署了《中华人民共和国政府和新加坡共和国政府自由贸易协定》。2009年，我国同秘鲁签署《中国—秘鲁自由贸易协定》。2010年，我国和哥斯达黎加签署自由贸易协定。2013年，我国与冰岛签订自由贸易协定。这些贸易协定内容涵盖多个方面，例如货物贸易、服务贸易、人员流动、贸易投资便利化等。我国积极参与双边贸易协定，推动我国融入世界经济，有利于我国实现经济长期增长的目标，对我国的经济发展产生了深远影响。

金融危机爆发后，2008年至2010年期间我国重新实行人民币盯住美元政策，汇率稳定在1美元兑换6.82到6.84元人民币之间，弹性相对趋弱。而与此同时，我国经济运行趋于平稳，进出口趋于平衡，人民币汇率没有出现大幅度波动的现象，有必要深化人民币汇率形成机制改革，增强其弹性。因此，2010年，为提高货币政策有效性和汇率弹性，中国人民银行重启汇率改革进程，实现人民币对美元汇价双向波动。汇率改革重启后，人民币对美元持续升值。在二次汇改一周年，人民币结束两年横盘升值5.4%。在经历了2012年5月至9月五个月间的短暂小幅贬值后，人民币持续缓慢升值，直到2014年2月的6.104。汇率改革重启，有利于我国与国际主要贸易国建立战略互信和长期协同发展的双边关系，进而改善我国对外经济贸易发展的国际环境。

此阶段，我国对外经济政策调整成效显著。2013年，我国货物进出口总额4.16万亿美元，其中，出口为2.21万亿美元，占全球比重11.8%，进口为1.95万亿美元，占全球比重10.3%。可以看出，我国对外经贸事业的发展，不仅带动了我国国内经济的增长，还对拉动世界经济复苏做出了重要贡献。期间，民营企业的表现可圈可点，进出口增长迅猛，仅2013年，民营企业进出口就为 1.49 万亿美元，较 2012 年增长 22.3%，高出外贸总体增速 14.7 个百分点，占进出口总额的 35.9%，较上年提高 4.3 个百分点。同期，国有企业进出口为 0.75 万亿美元，下降了 0.6%；外资企业进出口为 1.92 万亿美元，仅增长了 1.3%。

4.4.2 后危机时代（2014 年至今）

随着美国经济环境改善，通胀压力逐步缓解，以及其财政状况得到改善，美联储在 2013 年 12 月 19 日宣布正式启动退出量化宽松政策。根据相关数据，自美国量化宽松政策实施以来，我国对美国的贸易依存度长期保持在 6%左右，美国和中国互为重要的贸易伙伴，美国退出量化宽松政策必然会对我国对外经济贸易产生影响。以此为节点，我国对外经济政策调整进入后危机时代。

我国在这一时期制定了多项对外贸易战略。2013 年，我国颁布了《国务院关于印发中国（上海）自由贸易试验区总体方案的通知》，建立中国（上海）自由贸易试验区。同年，国家主席习近平提出“一带一路”合作倡议，并且通过了《中共中央关于全面深化改革若干重大问题的决定》，坚持推进双边、多边、区域、次区域开放合作，以此为基础推动自由贸易战略的实施。2015 年，我国已经签署了 13 个自由贸易协定，同时有 8 个正在谈判，另有 5 个处于研究之中。2014 年，政府工作报告提出将“一带一路”倡议构想作为本届政府的一项重要工作任务。2014 年，国务院发布《关于加强进口的若干意见》，我国开始重视进口贸易的作用，实行积极的进口促进战略，我国贸易失衡情况得以改善。2015 年国家发改委、外交部、商务部联合发布了《推动共建丝绸之路经济带和 21 世纪海上丝绸之路的愿景与行动》。2017 年，商务部印发《对外贸易发展“十三五”规划》，提出推进我国对外贸易供给侧结构改革，使我国出口产品迈向中高端。

在后危机时代，我国逐步深化对人民币汇率的改革，经中国人民银行授权，在遵循市场原则的基础上，人民币先后可以对日元、澳元、新西兰元、英镑、欧元进行直接交易。2014 年，我国取消银行对客户美元挂牌买卖价差管理，让市场供求在汇率形成中发挥更大的作用，人民币汇率弹性增强，汇率预期分化，中国人民银行基本退出常态外汇干预。2015 年，中国人民银行进一步推进利率市场化和人民币汇率形成机制改革，疏通货币传导机制；同时，进一步完善人民币汇率中间价报价，强调参考上日收盘价来提供中间价报价，外汇中心发布 CEFTS 人民币汇率指数，初步形成“收盘汇率+一篮子货币汇率变化”机制，为人民币汇率在合理均衡水平保持基本稳定提供了有利条件。自

2015年人民币汇率改革后，人民币弹性得以明显增强，双向波动显著。

这一时期，我国经济增速放缓，世界经济持续低迷，我国对外经济贸易发展陷入瓶颈，同时国际贸易环境日趋严峻。西方发达国家推行以TPP（泛太平洋战略经济伙伴关系协定）和TTIP（跨大西洋贸易与投资伙伴协议）为代表的高标准国际贸易准则，提高了国际贸易标准，在这样的国际贸易准则下，我国经济发展可能受阻；同时，我国国内企业成本上升，国内制造业有向东南亚国家转移的趋势，可能面临东南亚各国的竞争压力。面对这些威胁，我国应促进对外贸易转型升级，并且主动参与到国际贸易规则的制定中去。

从以上四个阶段可以看出，在世界经济环境和我国改革开放基本战略的共同作用下，我国对外经济政策经历了由保护贸易到逐步开放贸易，再到自由化贸易，最后受金融危机影响又倾向于保护贸易的调整历程。

第5章

我国经济周期波动的整体特征

5.1 研究意义和背景

经济周期一般是指经济活动沿着经济发展的总体趋势所经历的、有规律的扩张与收缩不断交替的波浪式运动过程或周期性波动变化过程。中国古代哲学就曾对周期有所论述，例如，《易经》中最著名的卦相之一“乾卦”指出，有天地，然后万物生焉。也就是说，事物的发展过程要经历产生、成长、兴旺、成熟、衰退、消亡几个阶段。许多事物的自然生命周期循环过程就在于此。直到今天，一些研究和学术机构仍然会将《易经》的理论运用在经济分析与市场预测中。再者就是司马迁的著作《史记》，也记载了一个十二年的周期[①]，与太阳黑子理论相类似，其将木星年表与“五行”联系在一起，描绘了从丰收、歉收、干旱到最终第十二年年末严重饥荒的一个为期十二年的农业周期。《淮南子》中也有“三岁一饥、六岁一衰、十二岁一荒”之说，描述了数个较短周期嵌套在一个长周期中的发展变化过程。

与我国古代哲学中描述的周期性相同，经济体的生产和消费过程可以看成一个闭环系统，某个产业的发展也可以看成一个闭环系统，都具有周期性，不同的是产业的异质性导致周期差异的存在，多个产业的闭环系统融合到一起，形成了整个经济体从兴旺走向衰退，然后萧条，再走向复苏，最后经过复苏再走向兴旺的经济波动周期。结合经典的投资过度与消费不足理论，可以将其简单描述为：当消费需求旺盛时，物价上涨，利润升高，则刺激生产投资加大，

① 古文献《盐铁论》也记载了一个类似的十二年农业周期。

经济增长繁荣；当投资过度，生产超过需求时，物价下跌，利润下降，投资减少，经济增长减速。当生产投资下降到一定程度，生产不能满足消费时，再次重复之前的循环，从而形成经济的周期。由于经济体的复杂性和动态特性，存在变量复杂的交互影响，且变量的影响权重、变化周期存在较大差异，造成经济的周期性发展存在着较大的不确定性，并会导致社会经济的巨幅波动。为了避免出现这种情况，我们只有对相关理论进行梳理，对经济体做全面的了解，对经济周期波动出现的新特征进行系统测定和分析，进而探索转轨时期经济周期的形成机制，才能针对不同的周期阶段，采取相应的货币、财政、收入分配及汇率政策等措施，来保持经济的持续健康发展①。

因此，正确认识我国改革开放四十年来的经济周期性特征，对于我们认识社会主义市场经济条件下经济波动的客观规律，把握经济运行的发展态势，适时、适度地采取宏观调控措施，保持国民经济持续、稳定、协调发展，无疑具有重要的理论意义和现实意义。

5.2 经济周期的测量方法与数据说明

众所周知，时间序列由长期趋势、周期波动、随机波动和季节波动组成，波动是时间序列对长期趋势的偏离程度，在经济学中研究长期趋势属于经济增长的范畴，而对波动进行研究则属于经济周期范畴。因此，研究经济的周期性波动就需要剥离长期趋势。现代周期理论将经济波动理解为多种随机冲击效应经过传播、放大和复合而形成的结果，然后分析经济波动的纯波动特征，即消除趋势部分的时间序列的特征。经典商业周期分析最初考虑绝对变化，后来转向研究消去线性趋势后的波形，但仍存在潜在的趋势，还要进行一阶差分以消去趋势（这种方法常放大非主流信息），这些方法都被批评为缺乏统计基础(Koopmans，1947)②。所以在现代周期理论中，长期趋势被看作是非线性的，研究时首先需要估计长期非线性趋势，基本分析方法为滤波法，如 King 与 Rebelo (1993)、Kydland 与 Prescott (1990) 的研究。关于最优滤波法的理论研究源于基本谱分析知识。目前，在经济周期研究中广为使用的滤波法主要有

① 严君，周源. 改革开放以来广东省经济周期波动及其形成机制的实证研究［D］. 广州：暨南大学，2010.

② 王常亮，周源. 基于三种滤波方法的中国经济周期波动特征研究［D］. 济南：山东大学，2012.

3 种：HP 滤波法、BP 滤波法和 CF 滤波法①。其中 HP 滤波可以看作是一个近似的高通滤波器，BP 滤波和 CF 滤波为带通滤波器，它们的理论基础都是时间序列的谱分析。

5.2.1 HP 滤波法

HP 滤波法是由 Hodrick 和 Prescott 于 1980 年在分析美国战后经济周期波动时首先提出的，这是一种时间序列在状态空间中的分析方法，被广泛地应用于对宏观经济趋势和经济周期波动的分析中。时间序列的高通滤波法就是要在所有不同频率的成分中，分离出频率较高的成分，去掉频率较低的成分，也即去掉长期的趋势项，而对短期的随机波动项——高频的周期成分进行度量。

设 Y_t 是包含趋势成分和波动成分的经济时间序列，Y_t^T 是趋势成分，Y_t^e 是波动成分，则：

$$Y_t = Y_t^T + Y_t^e, \quad t = 1,2,\cdots,T$$

HP 滤波法就是从 Y_t 中将 Y_t^T 分解出来。而趋势 Y_t^T 常被定义为下面最小化问题的解：

$$\min \sum_{t=1}^{T} \{ (Y_t - Y_t^T)^2 + \lambda [c(L)Y_t^T]^2 \} \tag{1}$$

其中，$c(L)$ 是延迟算子多项式：

$$c(L) = (L^{-1} - 1) - (1 - L) \tag{2}$$

将（2）式代入（1）式，则 HP 滤波法就是使得下面的损失函数最小，即：

$$\min \left\{ \sum_{t=1}^{T} (Y_t - Y_t^T)^2 - \lambda \sum_{t=1}^{T} [(Y_{t+1}^T - Y_t^T) - (Y_t^T - Y_{t-1}^T)]^2 \right\}$$

最小化问题用 $[c(L)Y_t^T]^2$ 来调整趋势的变化，并随着 λ 的增大而增大。HP 滤波法依赖于参数 λ，假设参数需要给定。这里存在一个权衡问题，即要在趋势要素对实际序列的跟踪程度和趋势光滑之间做一个选择。当 $\lambda = 0$ 时，满足最小化问题的趋势序列等于原序列，随着 λ 值的增加，估计的趋势越来越光滑，当 λ 趋于无穷大时，估计的趋势近似于线性函数。

依一般经验，λ 的取值如下：

---

① 滕昕，周源. 我国外汇储备周期波动与经济周期的实证分析［J］. 改革与战略，2011（7）：25－27.

$$\lambda=\begin{cases}100\text{，年度数据}\\1600\text{，季度数据}\\14400\text{，月度数据}\end{cases}$$

5.2.2 BP 滤波法[①]

BP 滤波（Band-Pass Filter）法是从频域角度研究经济周期波动的时间序列谱分析法，该方法把时间序列看成是不同谐波的叠加，研究时间序列在频率域里的结构特征，由于这种分析主要是用功率谱的概念进行讨论，所以通常也称为谱分析。其基本思想：把时间序列视为是互不相关的周期（频率）分量的叠加，通过研究和比较各分量的周期变化，以充分揭示时间序列的频域结构，掌握其主要波动特征。

若频率用 λ 表示，周期用 p 表示，则频率 λ 和周期 p 之间有如下关系：

$$\text{频率周期}=\lambda\times p=2\pi$$

设时间序列数据 $X=\{x_1, x_2, \cdots, x_T\}$，$T$ 为样本长度。谱分析的实质就是把时间序列 X 的变动分解成不同的周期波动之和。时间序列 X 的变动可以分解成各种不同频率波动的叠加和，根据哪种频率的波动具有更大的贡献率来解释 X 的周期波动的成分，这就是谱分析名称的来源。谱分析中的核心概念是功率谱密度函数，它集中反映了时间序列中不同频率分量对功率或方差的贡献程度。

5.2.3 CF 滤波法[②]

在考虑序列平稳特征的基础上，Christiano 和 Fitzgerald（2003）对 BP 滤波进行改进后提出了一种新的滤波——Christiano－Fitzgerald 滤波，简称 CF 滤波。在过滤时，CF 滤波法考虑目标序列的平稳特征，有选择地使用滤波分解方式，若目标序列表现为一阶单整过程，则滤波计算采用下列公式：

$$\hat{y}_t=B_0x_t+B_1x_{t+1}+\cdots+B_{T-1-t}x_{T-1}+\widetilde{B}_{T-t}x_T+B_1x_{t-1}+\cdots+\widetilde{B}_{t-1}x_1$$

式中，$t=3, 4, \cdots, T-2$，x_t 为原目标序列，$\hat{y}_t$ 为趋势成分序列，$\widetilde{B}_{t-1}$ 为移动平均因子 B_j 的线性组合。当目标序列表现为一个平稳过程时，需要预先确

① 由于该算法的数学方法（傅立叶变换）较为复杂，这里我们只介绍其基本思想，具体可参考：连平，吴金友．中国经济周期波动研究（1978—2009 年）[J]．世界经济研究，2011（9）：3－9，87．

② 吕光明，齐鹰飞．中国经济周期波动的典型化事实：一个基于 CF 滤波的研究［J］．财经问题研究，2006（7）：3－10．

定时间序列的趋势形式，然后再做剔除分解。

5.2.4 3种方法的比较

连平和吴金友2011年曾利用这3种滤波法对1978—2009年我国的经济周期进行衡量比较，发现在增长率经济周期类型中，利用HP滤波法和BP滤波法分解结果基本相同，在1978—2009年的32年间，我国经济共经历了4轮完整周期，而使用CF滤波法分解仅在前两者周期划分的基础上，以2000年为节点将前两者划分的第4轮周期划分为2个，最终展现了5轮完整周期；而在增长经济周期类型中，3种滤波法分解结果与增长率经济周期类型中的滤波分解结果基本一致，仅存在细微的不同①。

根据连平和吴金友计算的相关系数（表5－1和表5－2）可以看出，使用HP滤波法分解和BP滤波法分解的两种类型下周期成分之间相关系数分别为0.932和0.913，表明在不同周期类型下，使用HP滤波法和BP滤波法分解所得到的周期成分一致性较高。两种周期类型下的CF滤波法分解所得到的周期成分与另外两者的相关系数均偏低，特别是与HP周期成分之间的相关系数更是较低，在增长率周期类型和增长周期类型下，二者的相关系数分别为0.733和0.393。基于利用HP滤波法和BP滤波法分解结果差异不大的原因，本书在后续分析中选取HP滤波法为代表来提取周期成分。

表5－1 使用3种滤波法分解得到的增长率周期成分间的相关系数

	HP周期成分	BP周期成分	CF周期成分
HP周期成分	1.000	0.932	0.733
BP周期成分	0.932	1.000	0.910
CF周期成分	0.733	0.910	1.000

数据来源：连平，吴金友（2011）。

① 连平，吴金友．中国经济周期波动研究（1978～2009年）［J］世界经济研究，2011（9）：3－9，87.

表5—2　使用3种滤波法分解得到的增长周期成分间的相关系数

	HP周期成分	BP周期成分	CF周期成分
HP周期成分	1.000	0.913	0.393
BP周期成分	0.913	1.000	0.678
CF周期成分	0.393	0.678	1.000

数据来源：连平，吴金友（2011）。

5.3　我国经济周期的波动特征

这里，我们将使用HP滤波法，对1979—2017年我国宏观经济变量序列进行分解并取得周期性成分，然后用以揭示我国经济周期波动的事实特征。

5.3.1　1953年以来我国经济周期的阶段划分

就有关宏观经济周期波动的研究而言，国际上通常选择能够代表国民经济总体数量的指标。一些研究中采用GDP年度增长率来观察并分析经济周期的波动，但是由于GDP时间序列中长期趋势因素和周期因素并存，不能客观地反映经济的周期性波动，因此本书选择国家统计局公布的名义GDP总量作为我国经济周期波动的代表变量，对名义GDP总量取自然对数以削弱长期趋势因素和突出循环因素，然后再对GDP序列使用HP滤波法分析剔除长期趋势因素，进而观察并划分1954年以来我国经济周期波动的阶段及特征，如图5—1所示。通过对比改革开放前后的经济周期波动，着重分析改革开放后我国经济周期波动变化。

从1953年以来，我国经济的发展已经呈现出11轮经济周期，其中共有10轮完整的经济周期，第11轮经济周期正处于形成之中。由表5—3可知，我国11轮经济周期可以划分为改革开放前和改革开放后两个阶段。改革开放后，在各项政策措施的激励下我国经济实现了腾飞式的发展，经济周期相对于改革开放前呈现出新的轨迹和阶段特征。整体而言，1978年至今共呈现出6轮经济周期阶段。在前5轮完整周期中，1992—2003年的第9轮周期时间最长，达到12年；周期最短的为4年，共有两个这样的周期，分别为第7轮和第8轮。目前我国经济正处于第11轮周期中，尚未形成完整的经济周期。

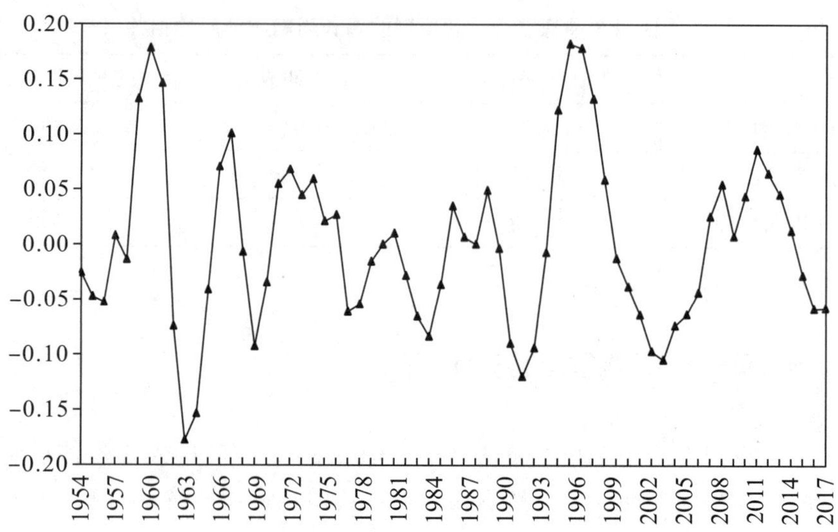

图 5－1　1954—2017 年我国经济总量周期波动成分趋势图

数据来源：万得经济数据库。

表 5－3　1953 年以来我国经济周期阶段划分

经济周期	时间跨度（年）	长度（年）	波峰	波谷	平均波动幅度	标准差	方差
1	1953—1957	5	0.007764	−0.052520	−0.026370	0.024779	0.000614
2	1958—1962	5	0.178211	−0.177660	0.040943	0.157633	0.024848
3	1963—1968	6	0.100619	−0.153640	−0.020600	0.096431	0.009299
4	1969—1972	4	0.068001	−0.034510	0.033138	0.046114	0.002127
5	1973—1977	5	0.059059	−0.061050	−0.001740	0.053206	0.002831
6	1978—1983	6	0.010085	−0.083710	−0.030440	0.036985	0.001368
7	1984—1987	4	0.034741	−0.036660	0.001181	0.029367	0.000862
8	1988—1991	4	0.048980	−0.120090	−0.041180	0.077772	0.006048
9	1992—2003	12	0.182077	−0.104750	0.021278	0.108838	0.011846
10	2004—2009	6	0.054430	−0.073790	−0.015660	0.052085	0.002713
11	2010 至今	8	0.086371	−0.058340	0.013512	0.055792	0.003113

数据来源：万得经济数据库。

5.3.2 改革开放后我国经济周期的基本特征

（1）波动周期拉长，由短周期逐渐趋向于朱格拉中周期。

改革开放之前的 5 轮经济周期平均长度为 5 年，改革开放后经济周期的平均波动时间为 6.4 年，延迟了 16 个月，其中 1992—2003 年的经济周期长达 12 年。苏汝劬在 2005 的研究中指出第 10 轮经济周期还没有完全形成，经济周期的谷底迟迟没有出现，且改革开放后的平均经济周期长度应为 5.75 年。而从表 5－3 中可以看出，第 10 轮经济周期的谷底在 2009 年出现，已经形成了完整的经济周期，第 10 轮经济周期的形成显著拉长了改革开放后的经济周期长度，使得经济周期逐渐趋向于朱格拉中周期。

（2）波动幅度总体减弱，经济稳定性提高。

经济波动幅度直观反映了经济发展的稳健性。从图 5－1 中可以看出，改革开放前后两个阶段经济波动幅度有着明显的差别。1978 年之后，经济波动幅度已经显著下降，尤其是第 6、7、8 轮经济周期的波动幅度都比较小，基本上控制在 10%以内。但是在第 9、10 轮经济周期中，经济波动幅度有较大程度的上升，最高波动幅度达 18%，但相比于改革开放前，平均波幅明显减小，相邻年份间经济增速变化也较小，经济波动的频率大幅降低，经济扩张期和收缩期明显延长，不对称性问题弱化，经济稳定性相对增强。

（3）波峰总体下降，经济扩张幅度减小。

一个完整的经济周期通常有 4 个阶段：收缩、萧条、扩张、繁荣。波峰代表着经济从萧条到繁荣的一个扩张程度。由图 5－1 可以看出，波峰越高，后期谷位越低，从而导致一个经济周期内经济波动幅度大，加剧了不稳定性，较低的波峰又表明经济发展乏力。在 1953—1977 年间的 5 轮经济周期中，经济波峰有逐渐下降的趋势，表明经济发展的后劲减弱，而在 1978—2003 的 4 轮经济周期中，波峰又开始逐渐上升，表明改革开放后经济发展的动力增强，但在 2003 年以后波峰又开始下降。

（4）经济周期呈现出不完全的对称性，即将开始新一轮经济周期。

结合图 5－1、图 5－2 来看，如果取 1978 年为对称轴，改革开放前后两个阶段的经济周期呈现出一种不完全对称性。根据表 5－3 中的数据，各轮经济周期的时间长度、波动性总和、周期内波动性平均值均有以 1978 年为对称轴的特点，据此可以推测从 2010 年开始至今的第 11 轮经济周期即将出现谷底，从而形成完整的经济周期，同时这也意味着新一轮经济周期即将开始。

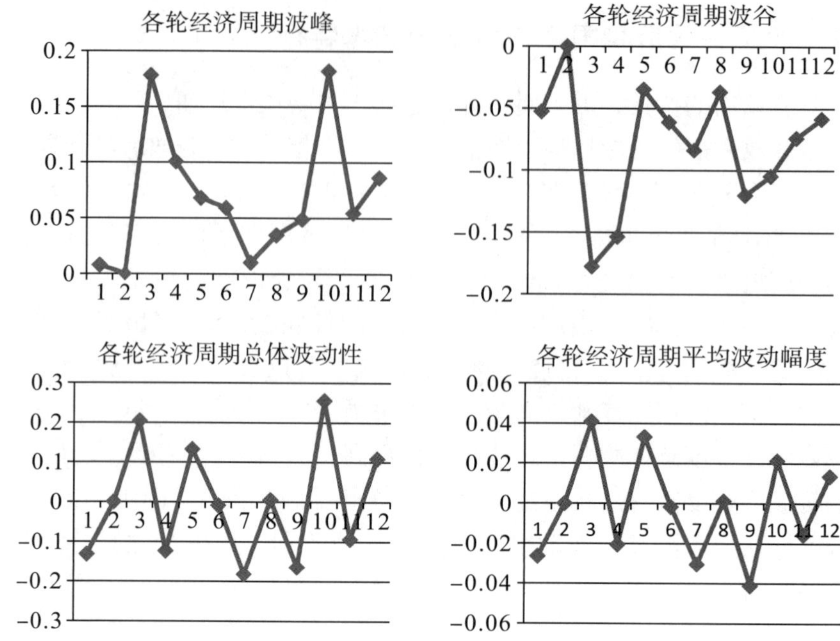

图 5－2　1978—2017 年我国各轮经济周期波动特征

数据来源：万得经济数据库。

5.4　改革开放后我国经济周期波动的内部因素

在一个开放经济体中，根据国民经济核算的支出法，经济总量由消费、投资、政府支出、进出口 4 部分组成，而经济周期的波动表现为经济总量的波动，因此经济总量的波动是由内外各经济成分的波动导致的。

5.4.1　内部经济影响因素

（1）消费与经济周期波动。

消费在国民经济发展中扮演着十分重要的角色，是生产的最终目的，也是社会再生产实现的重要条件。长期以来，作为拉动我国经济增长的三驾马车之一，消费的波动是国民经济波动的重要因素之一。为了直观地表现消费波动与经济周期波动的关系，我们选取家庭消费总额作为内部消费的代理变量，然后取自然对数后在 Eviews 8.0 中用 HP 滤波法分解，保留循环成分以与 GDP 波动成分保持一致。

由图 5－3 我们看出，改革开放后，消费的波动轨迹与 GDP 的波动轨迹十分相似，呈现出相同的周期性，表明二者存在很强的相关性。且 1978—1983 年、1999—2003 年及 2014 年以来消费的波动幅度甚至大于经济的波动。另外，我们可以看出，当消费处于扩张时期时经济也处于扩张时期，表明消费在拉动着经济的增长，而消费处于收缩阶段时经济波动也处于下降阶段，表明消费需求的下降是经济收缩的重要原因之一。总之，消费因素在改革开放后已经成为拉动我国经济增长的决定性因素之一。目前，由于我国社会环境具有一定的特殊性，社会保障体系还不及发达国家完善，因此我国居民普遍具有高储蓄、低消费的特征，在金融危机后全球经济低迷、外部需求市场疲软及国内经济进入新常态的背景下，如何刺激消费已经成为是否能够推动经济高质量、可持续发展的关键所在。

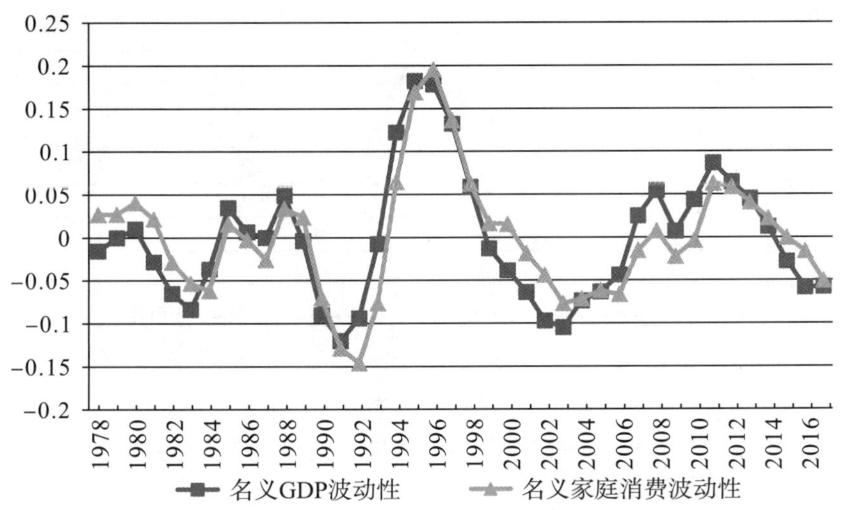

图 5−3　1978—2017 年名义 GDP 与名义家庭消费波动性趋势

数据来源：中经网统计数据。

（2）投资与经济周期波动。

投资作为社会总需求的一部分，对经济的发展发挥着与消费同等甚至更为重要的作用。投资是当年 GDP 的重要组成部分，而且根据凯恩斯的投资乘数理论，其会对经济会产生数倍的直接作用。此外，投资，尤其是固定资产投资，作为基础设施建设的重要来源，涉及经济活动中的许多行业及部门，可以进一步增加就业岗位、扩大消费需求，形成未来的生产和服务能力。这里，我们采用固定资产投资额作为投资的代理变量，同时采用与家庭消费总额同样的数据处理方式。

由图 5−4 我们可以看出，改革开放后固定资产投资波动与 GDP 波动同样呈现出相同的轨迹及周期，二者同样具有很强的相关性，并且总体上固定投资波动的幅度比经济波动的幅度要剧烈，波峰更高、谷位更深。对比消费波动与经济波动的趋势图可知，固定资产波动对经济波动的贡献程度更大。在1992—2003年这一轮中长经济周期中，投资波动与经济波动都处于一个历史峰值，远高于其他周期的波动性，主要是由于我国1992年以来推行的市场经济建设，引起大量社会资金涌入固定资产投资行业。自2014年以来，我国开始更加注重经济发展的质量，经济发展方式开始由依靠投资单方面拉动转变为投资、消费、出口三驾马车协调拉动，因此投资波动性下降的同时也带来了经济波动性的下降。

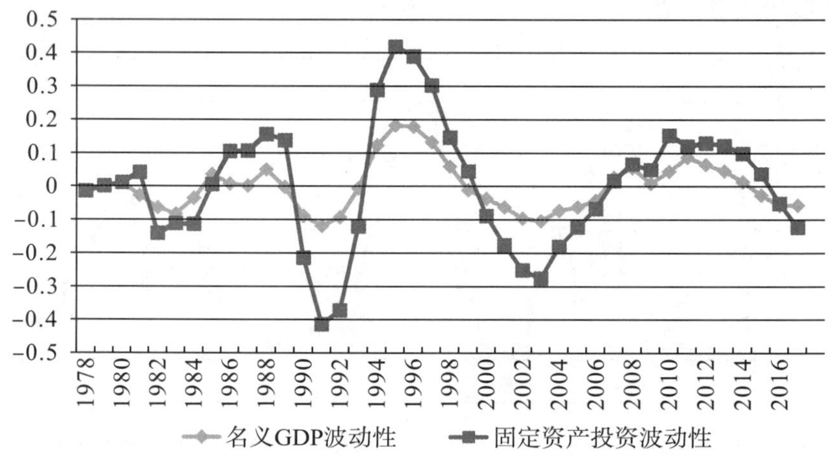

图 5−4　1978—2017 年名义 GDP 与固定资产投资波动性趋势

数据来源：中经网统计数据。

(3) 产业结构与经济周期波动。

随着经济全球化的深入发展，全球价值链体系向更高的层次发展，发达国家长期凭借其在比较优势价值链高端获取更多好处，而发展中国家则是处于附加价值较少的底端。在我国经济取得长足发展后，随着劳动力成本的上升和人口红利的消失，产业结构的优化升级已经成为必然之举。

图5−5显示，改革开放后，第一产业对GDP的贡献率在不断下降，贡献率在10%以内；第二产业在我国经济的发展始终发挥着重要的作用，在2013年之前对GDP的贡献率在50%以上，但在2013年以后贡献率下降到50%以下；第三产业对经济的贡献是衡量一个国家现代化的重要标志，1978年后，我国第三产业对GDP的贡献率不断上升，并且在2013年首次超过第二产业对GDP的贡献率，2017年贡献率高达58.8%，表明我国经济发展的质量有所提

升，产业结构优化升级方面取得了一定的进展。我们可以看到，随着第三产业比重的不断上升，经济周期的波动幅度有了很大程度的下降，经济发展的平稳性提高，这为促进我国经济的平稳发展提供了一定的政策依据。

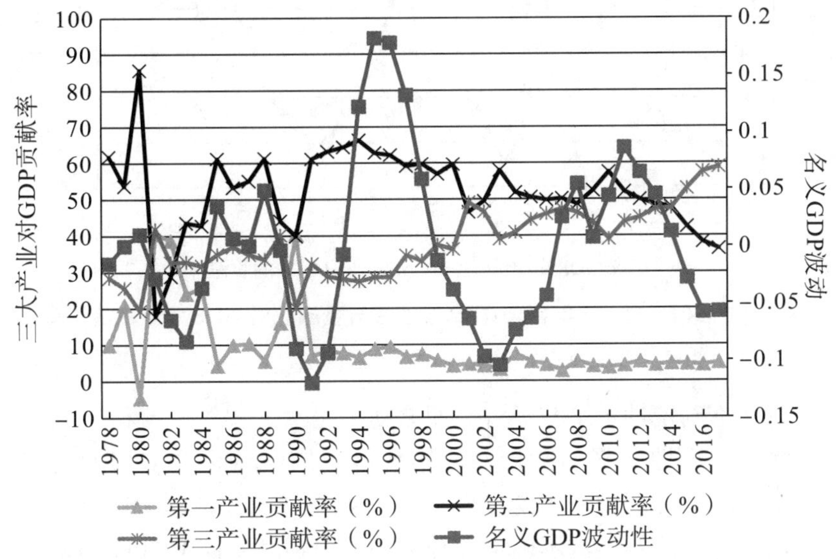

图 5－5　1978—2017 年三大产业对 GDP 贡献率与经济波动性趋势

数据来源：中经网统计数据。

（4）金融发展与经济周期波动。

金融发展水平、金融创新与经济周期的波动存在着一定的内在关联性，并且具有正反两方面的影响。金融体系的不断完善以及金融市场的创新会提高金融系统的效率，从而对实体经济产生影响，增加经济发展的稳定性。

由图 5－6 可以看出，我国金融业对 GDP 的贡献率与经济的波动性呈现出负向的相关关系，即在金融业贡献率高的时候，经济周期的波动幅度处于相对较低的水平，金融业贡献率低时经济波动幅度剧烈。由此可见，金融发展水平的提高对经济周期波动有显著的减缓作用。但是，不恰当的金融创新也会导致金融市场混乱，进而导致整个宏观经济的剧烈波动。2008 年全球金融危机造成的世界经济动荡就是对这一点的证明。一些学者将金融冲击纳入 DSEG 模型中，结果表明金融冲击不仅是投资波动的重要因素，而且对经济波动也造成了很强的影响。因此，在金融市场不断发展完善的过程中，我国政府部门应该加强对金融市场的监管，减少金融冲击的负面作用。

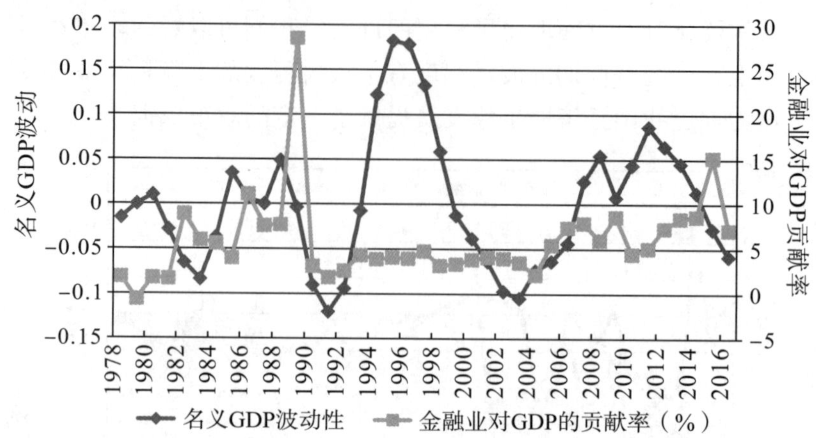

图 5—6　1978—2016 年名义 GDP 波动性与金融业对 GDP 贡献率趋势图

数据来源：中经网统计数据。

（5）政策不确定性水平与经济周期波动。

对政策不确定性水平的衡量，近年来得到广泛认可及应用的是 EPU 指数，它是由 Bloom 和 Baker 以及 Davis 等学者领导的团队从 2011 开始基于检索新闻报道中与经济、经济不确定性相关词汇出现频率而编制的。国内外大量研究从理论和实证角度均表明政策不确定性水平对宏观经济有着负向效用，不确定性水平上升时，会通过经典的“实物期权效应”和“金融摩擦渠道”对宏观经济造成负面效应。此处将采用由 Bloom 等编制的中国 EPU 指数作为我国政策不确定性水平的代理变量，对其仍采用 HP 滤波法分解。

由图 5—7 中可以看出，根据谷—谷间的周期划分方式，我国政策不确定性水平的波动呈现出明显的 4 轮周期性，并且其波动幅度强于经济波动幅度。此外，除了 2000—2005 年、2013—2015 年这两个时期外，其他经济周期间经济的波动性与政策不确定性水平呈现出同方向变化，即政策不确定水平越高，经济的周期波动性越大。因此，这从另一方面为提高经济的稳定提供了政策依据，即降低政策不确定性水平，提高政策的稳定性有助于平滑经济的波动性，促进经济的平稳发展。

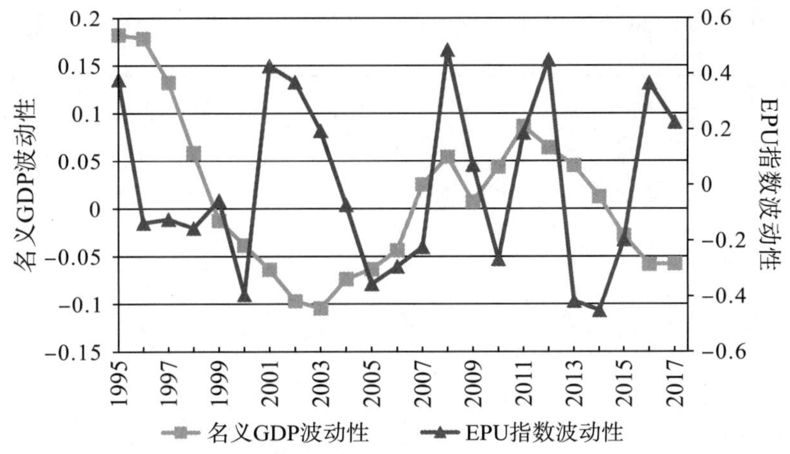

图 5—7　1995—2017 年名义 GDP 与 EPU 指数波动性

数据来源：政策不确定性数据库。

5.4.2　外部经济影响因素

在经济全球化不断推进的过程中，我国经济的波动越来越多地受到国际经济因素的影响。下面将对进出口贸易、外商投资、汇率、世界大宗商品价格、世界经济不确定性等外部经济影响因素逐一进行分析。

（1）进出口贸易。

改革开放后，国际贸易在我国经济中所占的比重明显增加，因此进出口额的波动对我国经济周期的波动产生了非常明显的影响。总的来说，进出口主要通过影响我国宏观经济中的供求关系来影响我国经济周期的波动。

从进口的角度来看，在社会总需求不变的情况下，进口额的增加将使商品的总供给提高。当国内的总供给大于总需求时，国内商品的均衡价格将趋于下降，使得国内厂商的利润率下降，资本的边际效率下降，资本预期收益率也会下降。这就会进一步抑制国内的私人投资，使经济总产出降低，从而可能引起经济衰退。但需要注意的是，当一些基础工业原材料进口额提升时，可能会降低国内厂商的成本，从而使利润率上升，企业扩大生产，经济产出可能趋于上升，从而使经济复苏并进一步走向繁荣。

从出口的角度来看，在社会总需求不变的情况下，出口额的增加将使商品的总供给下降。当国内的总供给小于总需求时，国内商品的均衡价格将进一步升高，从而提高厂商的利润率。厂商进而会扩大投资，使总产出提高，经济逐渐复苏或者走向繁荣。同样值得注意的是，当一些基础工业原材料的出口提升时，国内厂商的生产成本可能趋于升高，这就会降低国内厂商的利润率，从而使企业减少投资，总产出可能出现下降，经济趋于衰退。如图 5－8 所示。

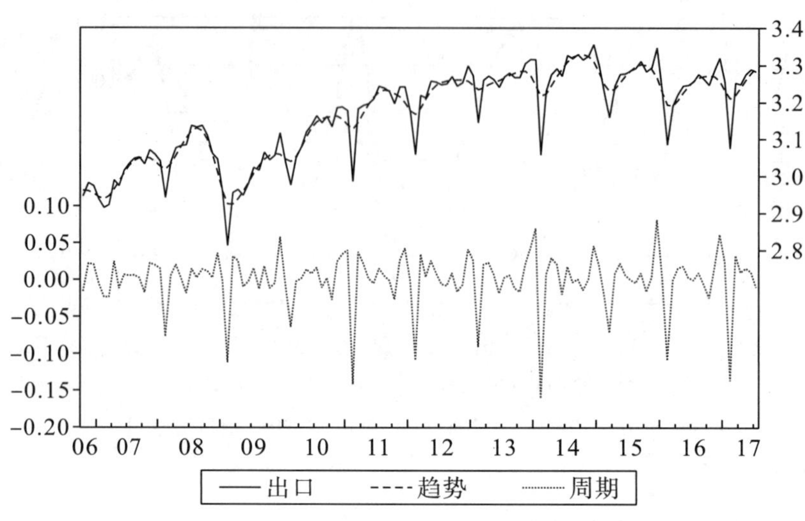

图 5－8　**我国出口的 HP 波动**

数据来源：万得经济数据库。

（2）外商投资。

改革开放后，外商投资在我国经济增长中扮演着愈发重要的角色，外国投资额的变动会对我国的宏观经济增长产生一定冲击。

就现阶段而言，外商直接投资在外国对华投资中仍然占据主要地位，外商直接投资对我国经济发展有着较大影响。一般而言，在我国经济平稳向好发展时，外商会对我国未来经济产生一个积极的预期。为了寻求较高的资本收益率，外资会在我国经济扩张的过程中不断涌入。对于我国经济而言，FDI 的提高会进一步促进经济的发展，从而吸引更多的外商投资。此时，外商投资和我国经济产出相互促进，促使我国经济进入繁荣阶段。但需要注意的是，如果我国经济的增长过度依赖 FDI，那么外商投资就很容易对我国经济增长产生非常明显的冲击。一旦我国经济增长速度放缓，外商对于我国未来经济出现消极预期而大规模地撤资，就会使我国经济增速的下降被加倍放大，经济更容易陷入衰退。与此同时，外商撤资还可能是出于弥补在其本国或者其他地区所遭遇的损失。在这种情况下，其他国家地区的经济增长情况就会对我国产生明显的溢出效应。如图 5－9 所示。

对于通过间接投资渠道进入我国的外国资本而言，由于该类资本具有很强的流动性和投机性，因此其对我国经济波动周期的影响就更为明显。一般而言，间接投资会通过资本市场传导金融风险，比如，当国外某些大型经济体出现金融危机时，为了弥补流动性不足的问题，其停留在我国的这部分间接投资就可能会短期内快速流出，这会对我国的资本市场产生明显的冲击，从而很可能使得金融危机蔓延到我国，导致我国经济下行。

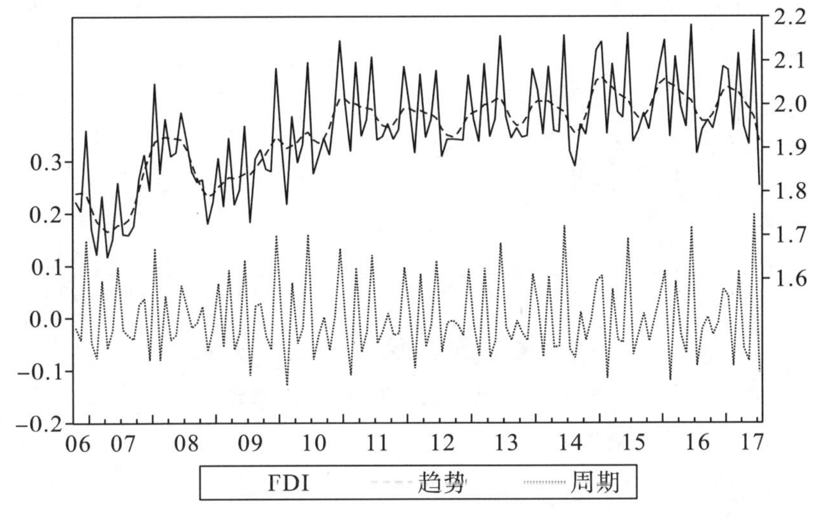

图5—9 我国FDI的HP波动

数据来源：万得经济数据库。

（3）汇率。

汇率也是影响我国经济周期波动的重要影响因素。目前我国采用的是有管理的浮动汇率制度，资本账户尚未完全开放。在这种情况下，可以通过实施不同的政策保证经济的稳定性，使宏观经济较少地受到国际资本的冲击。但随着改革开放的不断深入，资本管制的难度也会不断提高，与此同时，随着金融市场对外开放的不断推进，弹性小的汇率也会对经济的发展产生制约。因此，随着我国的汇率形成机制不断走向市场化，我国的经济周期波动也就更容易受到来自汇率波动的影响。

汇率的变动首先会明显影响国际贸易进出口情况。当人民币兑换外币升值时，我国出口的商品价格会上浮，从而使得我国商品的国际竞争力下降，我国的出口贸易额可能会因此出现下降，净出口额随之下降，进而减少我国经济的总产出，使我国经济趋于下行。而当人民币兑换外币出现贬值时，我国的商品国际竞争力提高，净出口额上升，国内经济总产出提高，宏观经济趋于上行。汇率的变动还可能通过影响资本市场进而引起我国的宏观经济波动。当人民币兑换外币升值时，资本会出于套汇的目的流入我国，这可能会让我国经济在短期内出现波动，进一步对我国经济周期波动产生影响。如图5—10所示。

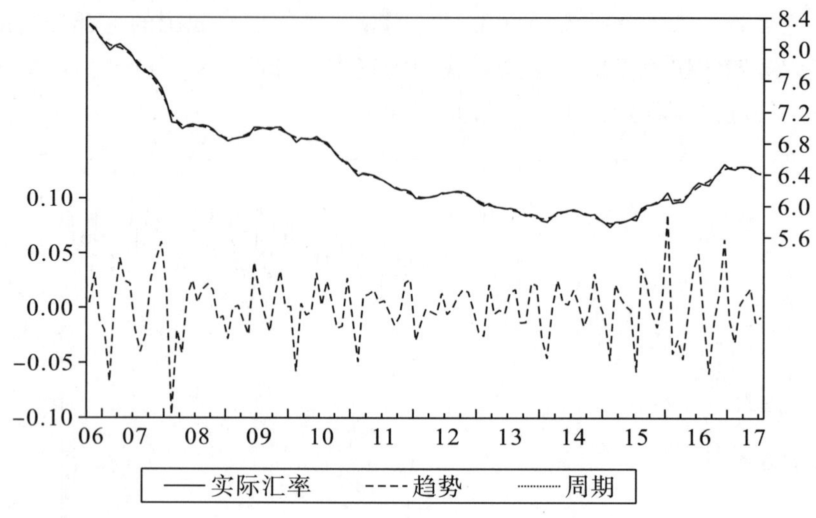

图 5-10　我国实际汇率的 HP 波动

数据来源：万得经济数据库。

（4）世界大宗商品价格。

世界大宗商品的价格也会对我国经济波动产生影响。大宗商品作为一类较为特殊的商品，往往同时具有商品和金融两种属性，其交易方式主要是期货交易与现货交易。因此，世界大宗商品的价格反映了实际产品需求与投资需求。一般而言，大宗商品的价格会通过实际商品市场和金融资本市场两种途径对我国的经济波动产生影响。

就大宗商品的实际产品需求而言，由于我国一直都是大宗商品的进口大国，因此大宗商品的国际价格对我国国内大宗商品的价格具有重要影响。当世界大宗商品的价格上涨时，由于国内市场供不应求，就必然会导致我国国内的大宗商品以及替代品和互补品的价格上涨。一般而言，我国进口的大宗商品都是初级产品和原材料，因此，这些产品价格的上涨会引起整个产业链价格的波动。当国内与这些大宗商品相关的初级产品和原材料价格上涨时，国内相关制造业厂商的生产成本就会提高，产业链下游的商品价格就会因此提高。而国内的消费者则会成为最终的买单人。同时，这些商品价格的提高会使我国经济的通货膨胀率被动上升。对于国内的相关厂商来说，由于他们生产的产品大多数为劳动密集型产品，缺少定价权，在国际贸易中主要依靠低廉的劳动力所带来的低廉价格取胜，一旦商品的价格由于原材料价格上涨而上涨，那么这些厂商在国际贸易中就会丧失优势，面临危机。如果这些厂商倒闭，经济产出会进一步下降，失业率提高，我国经济可能陷入滞胀。如图 5-11 所示。

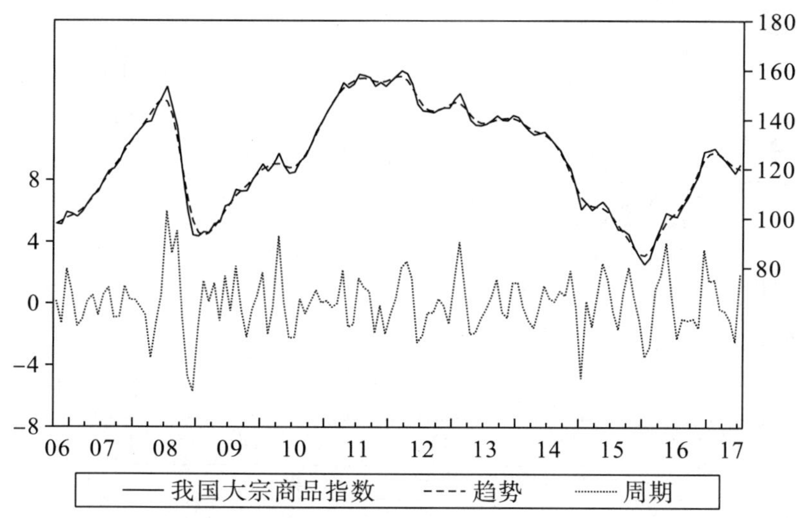

图 5—11　我国大宗商品指数的 HP 波动

数据来源：万得经济数据库。

另外，大宗商品作为一种投资品，其国际价格的变化也会对我国经济波动产生影响。在发达国家中，诸如黄金、原油等大宗商品已经成为一种投资工具，人们通过期货交易，利用这些商品进行套期保值或投资获益，因此这些商品的价格会对金融市场产生非常明显的影响。但在我国，大宗商品的期货交易市场尚不成熟，因此交易量还较小，本书在此不做更多讨论。

（5）世界经济不确定性。

世界经济不确定性的增加同样可能对我国经济波动周期产生明显的冲击。

从国际贸易角度来看，当世界经济不确定性增加时，对于家庭而言，可能会增加储蓄以应对未来可能发生的危机。因此，家庭就会减少消费，使商品的需求量下降，导致商品价格下降，厂商减少投资，减少雇佣工人。与此同时，家庭为了谋求收入，会提高劳动市场的供给，但工作岗位的不增反降，会进一步导致失业率攀升。在这样的情况下，海外市场从我国进口的商品必然减少。这就导致我国国内产品市场的供给大于需求，商品价格下降，厂商减少投资，失业率提高，我国的经济就会由于世界经济不确定性增加的影响而陷入衰退。如图 5—12 所示。

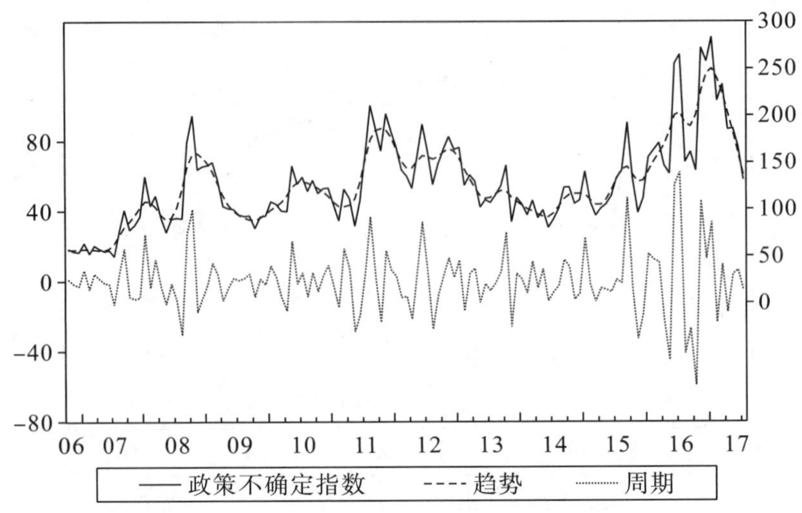

图 5−12　政策不确定性的 HP 波动

数据来源：政策不确定性指数库。

从外商直接投资的角度来看，当世界经济不确定性提高时，对于全球投资者而言，对风险的厌恶将提高。随着投资谨慎性的增强，外商可能降少对我国的直接投资，从而进一步影响我国的经济增长。

而从短期资本流动的角度来看，当世界其他地区的经济不确定性提高时，我国就很可能会成为国际游资的“避风港”。这就可能导致短期内“热钱”涌入我国资本市场，最终表现为向我国输入通货膨胀，并严重影响我国经济的稳定，从而对我国经济周期波动产生明显冲击。

5.4.3　实证分析

向量自回归模型（Vector Autoregressive Model，VAR 模型）是 1980 年诺贝尔奖得主克里斯托弗·西姆斯（Christopher Sims），基于 AR 模型拓展而提出的动态自回归模型的联立式，通常用于预测时间序列系统的变量间的相互联系及影响，以及分析随机冲击对各变量的动态影响。VAR 模型的优点在于通过系统将每一个变量内生化，用系统中所有内生变量的滞后值的函数来构造模型，从而回避结构化模型的要求。

由此，我们建立了以下的 VAR 模型：

$$\boldsymbol{Y}_t = \boldsymbol{C} + \boldsymbol{A}_1\boldsymbol{Y}_{t-1} + \cdots + \boldsymbol{A}_p\boldsymbol{Y}_{t-p} + \boldsymbol{\beta X}_t + \boldsymbol{\varepsilon}_t,\quad t = 1,2,\cdots,T$$

式中，$\boldsymbol{Y}_t$ 为 k 维内生变量，$\boldsymbol{X}_t$ 为 d 维外生变量向量，p 代表滞后阶数，T 为样本个数，$k \times k$ 维矩阵 $\boldsymbol{A}_1$，…，$\boldsymbol{A}_p$ 和 $k \times d$ 维矩阵 $\boldsymbol{\beta}$ 是要被估计的系数矩

阵，$\boldsymbol{\varepsilon}_t$ 为 k 维扰动项。

（1）变量选择和处理。

根据上面对经济周期的介绍可知，经济周期实际上受到贸易、投资、消费、产业结构以及世界总体经济宏观环境的综合影响。参考相关研究结论和上面的分析，结合变量的实际经济意义，本书选择 1981 年至 2016 年时间段内的 HP 滤波下的经济周期（cycle）、年最终消费支出（consume）、金融业对 GDP 贡献度（finance）、产业结构（第三产业对 GDP 贡献度，sanchan）、中国资本开放度（capital）、中国贸易开放度（trade）、汇率（r）、世界价格指数（cpi）这几个变量加入 VAR 模型中。其中，世界价格指数作为衡量外部环境的控制变量。所以此处：

$$\boldsymbol{Y}_t = (consum, finance, sanchan, capital, trade, r), \boldsymbol{X}_t = (cpi)$$

同时，为了避免变量量纲上的差距对结果分析带来负面的影响，本书对经济周期和年最终消费支出进行对数化处理。这种标准化方法不仅不会改变数据的性质和相关关系，还在一定程度上消除了序列的异方差性。为了表示上的一致性，下文中仍以原符号进行表示。

（2）平稳性检验与协整检验。

本书涉及的变量均为时间序列。时间序列的计量经济学分析的基本要求之一是保证数据的平稳性。如果数据是非平稳序列，仍然进行回归分析会得到错误的论断，造成伪回归。为解决序列平稳性问题，本书用 ADF（Augmented Dickey-Fuller）单位根检验方法对调整后的序列和一阶差分序列进行平稳性检验。检验结果如表 5−4 所示。

表 5−4　ADF 单位根检验

变量	t 统计量	Prob	结果
D（capital）	−7.3430	0.0000	通过
D（consume）	−3.4201	0.0173	通过
D（cpi）	−5.9915	0.0000	通过
D（cycle）	−5.2119	0.0002	通过
D（finance）	−5.1981	0.0001	通过
D（r）	−4.9797	0.0003	通过
D（sanchan）	−9.9142	0.0000	通过
D（trade）	−3.7453	0.0077	通过

说明：*D* 代表各个变量的一阶差分结果。

由表 5—4 可知，所有变量在一阶差分以后都在 95%的显著水平下通过检验。换句话说，该结果显示，经过一阶差分后，各变量均通过了单位根检验，可以利用 VAR 模型进行估计。

表 5—5　滞后阶数检验

Lag	LogL	LR	FPE	AIC	SC	HQ
0	−170.3161	NA	0.000238	11.51976	12.16102*	11.73232
1	−96.59664	105.9717*	5.65e−05*	9.97479	12.86046	10.93131
2	−43.24441	53.35222	7.70E−05	9.702776	14.83285	11.40325
3	40.78874	47.26865	5.87E−05	7.513204*	14.88769	9.957636*

说明：* 表示不同法则推荐的滞后系数。

由于本书中的时间序列变量都是一阶单整的，已经满足了进行协整[①]分析的条件，即所有的时间序列都是水平不平稳，而一阶差分平稳，接下来我们就可以进行协整分析，确认它们是否存在长期稳定的关系形式。一般来说，常用的协整检验方法有 EG（Engle-Granger）两步检验法和 Johansen 检验法。由于 EG 两步检验法通常用于两变量的协整关系检验，本章我们就使用 Johansen 极大似然估计法[②]对模型进行协整检验。

进行协整检验之前，需要确定 VAR 模型的滞后阶数。比较了 LR、FPE、AIC、SC、HQ5 种方法（见表 5—5）后，我们选择 AIC 和 HQ 法，确定滞后阶数为 3，从而协整检验中 VAR 模型的滞后阶数可以确定为 2。结合模型的数据特征，我们选择同时存在截距项和趋势项选项。表 5—6 和表 5—7 分别是使用迹统计量和最大特征值统计量进行协整检验的结果。检验结果表明模型中的变量具有 4 个协整关系。

---

① 协整的概念是恩格尔（Engle）和格兰杰（Granger）提出来的。如果 VAR 模型的内生变量都含有单位根，那么可以用这些变量的一阶差分序列建立一个平稳的 VAR 模型。然而，当这些变量存在协整关系时，采用差分的方法构造 VAR 模型虽然是平稳的，但不是最好的选择。建立单纯的差分 VAR 模型将丢失重要的非均衡误差信息。如果 $\boldsymbol{Y}_t \sim I(1)$，且非平稳变量间存在协整关系，那么非平稳变量的由协整向量组成的线性组合则是平稳的。因为变量间的协整关系给出了变量间的长期关系。同时用这种非均衡误差以及变量的差分变量同样可以构造平稳的 VAR 模型，从而得到一类重要的模型，这就是向量误差修正模型。

② 在 VAR 系统下用 Johansen 极大似然估计法来检验多变量间协整关系的方法，不仅能检验出变量间是否存在协整关系，而且可以准确确定协整向量个数，特别是当协整向量不止一个时，这种方法更加方便有效。

表 5—6　协整检验迹统计量检验结果

假设	特征值	迹统计	临界值	Prob
None *	0.9770	324.5048	150.5585	0.0000
At most 1 *	0.9061	203.7641	117.7082	0.0000
At most 2 *	0.8027	128.0626	88.8038	0.0000
At most 3 *	0.7062	76.1212	63.8761	0.0033
At most 4	0.5004	36.9214	42.9153	0.1746
At most 5	0.2483	14.7137	25.8721	0.5984
At most 6	0.1601	5.5816	12.5180	0.5152

说明：* 表示在 0.05 水平上存在协整关系。

表 5—7　协整检验最大特征值统计量检验结果

假设	特征值	最大特征值统计量	临界值	Prob
None *	0.977	120.741	50.600	0.000
At most 1 *	0.906	75.702	44.497	0.000
At most 2 *	0.803	51.941	38.331	0.001
At most 3 *	0.706	39.200	32.118	0.006
At most 4	0.500	22.208	25.823	0.140
At most 5	0.248	9.132	19.387	0.711
At most 6	0.160	5.582	12.518	0.515

说明：* 表示在 0.05 水平上存在协整关系。

（3）模型构建。

综上所述，可以构建向量误差修正模型（VECM）：

$$y_t = C + B_1 Eq_1 + B_2 Eq_2 + B_3 Eq_3 + B_4 Eq_4 + A_1 y_{t-1} + A_p y_{t-2} + \boldsymbol{\beta X}_t + \boldsymbol{\varepsilon}_t,\quad t \in \{-\infty, +\infty\}$$

式中，

$$Eq_1 = cycle - 0.2077\ capital + 13.1033\ \ trade + 0.0284r$$
$$(-6.5912) \qquad (6.2024) \qquad (0.2213)$$

$$Eq_2 = consum - 0.1647capital + 10.7174trade - 0.0748r$$
$$(-6.3900) \qquad (6.1996) \qquad (-0.7128)$$

$$Eq_3 = finance + 2.6605capital - 197.2058trade + 1.5343r$$
$$(4.8327) \qquad (-5.3419) \qquad (0.6851)$$

$$Eq_4 = sanchan + 0.5889capital - 82.8103trade + 2.3548r$$
$$(2.1797) \qquad (-4.5707) \qquad (2.1424)$$

参数的圆括号内表示近似的标准差，协整方程表明上述变量具有长期的均衡关系。从反映长期关系的协整方程式可知，资本开放度、贸易开放度、汇率长期内对我国经济周期波动、消费、金融贡献度、产业结构的影响显著，而且它们对金融贡献度和产业结构的影响与对消费的影响呈反方向影响。不仅如此，它还表明长期内贸易开放度和汇率的变化对经济周期波动有持续刺激的作用，而资本开放度的变化对经济周期波动却有反向刺激作用。

根据 AR 根的图形检验（图 5—13），各特征根的倒数均在单位圆内，这表示模型是平稳的。这将保证我们后文脉冲反应分析和方差分解的显著性。

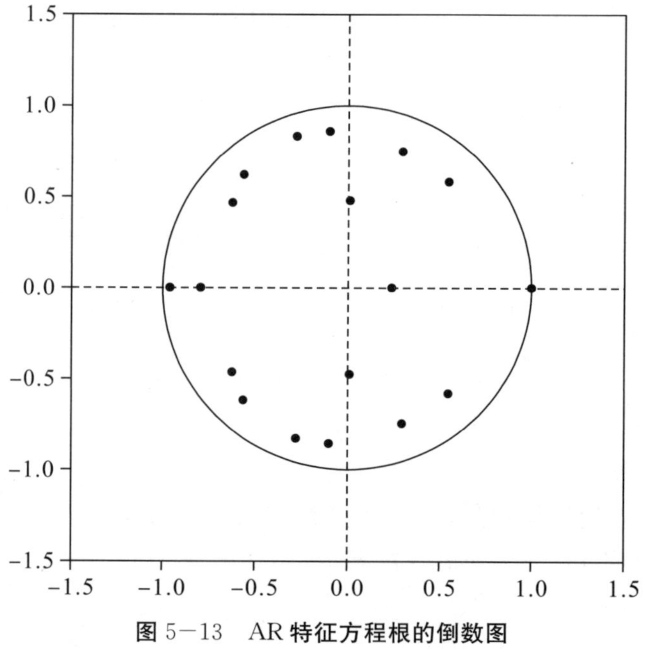

图 5—13　AR 特征方程根的倒数图

（4）脉冲函数和方差分解。

在控制 8 个变量后对 DCYCLE 进行脉冲函数分析。分别施加一个标准差冲击给年最终消费支出、金融业对 GDP 贡献度、第三产业对 GDP 贡献度、中国资本开放度、中国贸易开放度、汇率，观察经济周期的脉冲响应。本书在这里预测 15 轮周期，其结果如图 5—14 所示。

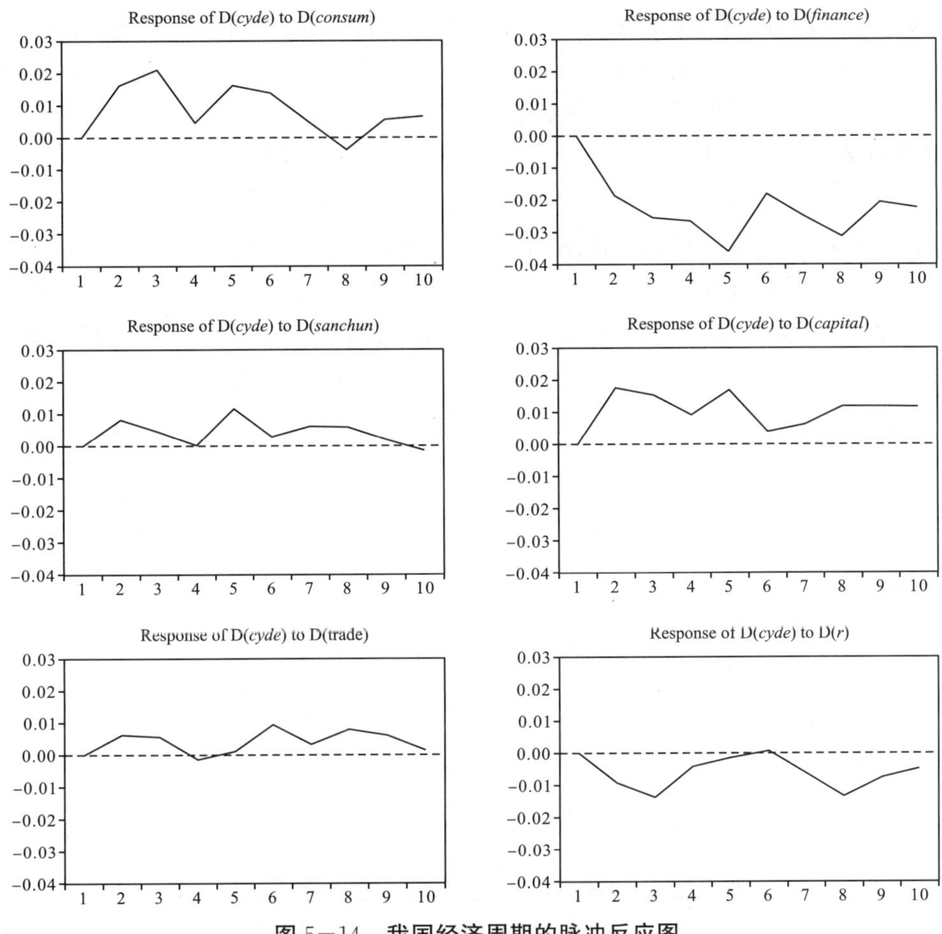

图 5−14 我国经济周期的脉冲反应图

由此，我们可以发现，当用一个正的标准差冲击给到消费、产业结构、资本开放度和贸易开放度时，初期会刺激我国的经济周期波动，这说明它们有着良好的顺周期作用，在经济衰退期间如果出现了复苏的苗头，积极地促进消费、改善产业结构、进一步开放资本和贸易可以进一步刺激经济的复苏。而当用一个正的标准差冲击给到金融拉动率和汇率时，我国的经济周期波动会呈现负向波动，呈现衰退趋势，因此可以推断这两个因素有着逆周期作用。汇率本质上是一国货币的价格，当汇率呈现上涨时，本国市场会呈现通货紧缩的情况，从而导致经济的紧缩，宏观经济呈现颓势，这与传统的经济理论相符。换句话说，在经济出现衰退期间，应该收缩金融，在保持汇率波动幅度不过大的同时推动货币贬值，以促进经济的复苏。此外，我们还发现，金融拉动率和资本开放度的冲击反应较为稳定，并未出现正负交叉的反应，因此，在采取逆周期和顺周期策略时可以出现较为稳定的预期。最后，后期的影响和初期的影响一致，在经过一定时期的波动以后，消费、产业结构、资本开放度和贸易开放度会持续给经济周期波动带来正向影响，而金融拉动率和汇率会持续给经济周期波动带来负向影响。

现在，我们将利用方差分解来分析各变量对我国改革开放以后经济周期波动的贡献度。这里，我们将预测期定为 15 期。从长期来看，经济周期波动解释了自身 60%以上的波动。此外，经济周期的波动很大程度上是由国内的投资拉动的，而我们的资本开放度和消费数呈现出较强的解释力度，这说明资本在一定程度上对经济周期有着较为明显的影响。如图 5－15 所示。

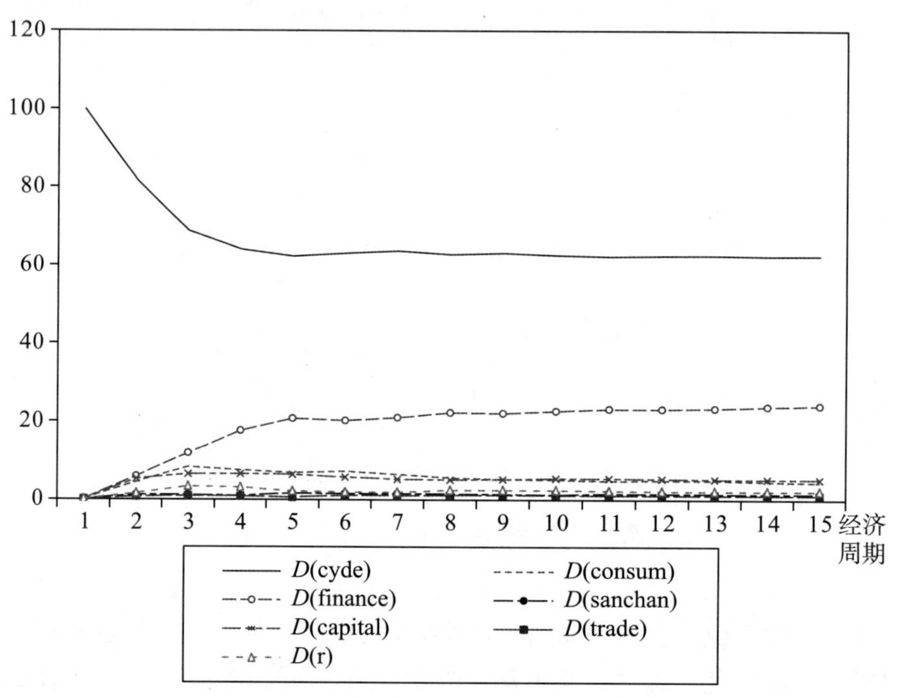

图 5－15　我国经济周期波动方差分解图

5.5　结论

根据以上的误差修正模型的分析，我们可以得出以下三点结论：

（1）误差修正项表明，长期内贸易开放度和汇率的变化对经济周期波动有持续刺激的作用，而资本开放度的变化对经济周期波动却有反向刺激作用。

（2）在经济衰退期间如果出现了复苏的苗头，积极地促进消费、改善产业结构、进一步开放资本和贸易可以初步刺激经济的复苏。在经济出现衰退期间，应该收缩金融，在保持汇率波动幅度不过大的同时推动货币贬值，将带来经济的初步复苏。

（3）我国经济周期的波动很大程度上是由国内的投资拉动的，此外，资本开放度和消费数呈现出较强的解释力度。这说明资本在一定程度上对我国经济周期波动有着较为明显的影响。

第6章

亚洲区域经济周期同步性①

6.1 概述

亚洲金融危机结束后，亚洲国家间的国际联系在金融和贸易方面都有显著的快速增长。在贸易方面，贸易壁垒的降低和自由贸易协定的形成促进了亚洲国家之间的国际贸易一体化。1990年，ASEAN+3进出口总量与GDP的比值是56%，占全世界GDP总量的3.5%，而到2010年，这个比值上升至104%，其进出口总量占全世界GDP的15.8%。图6-1显示了1987年至2010年ASEAN+3与其他主要的区域之间，如北美自由贸易区和欧元区之间总贸易的对比。亚洲国家目前已然成为世界贸易中的一个重要区域，近年来其贸易总量甚至比欧元区、北美自由贸易区更大。

① GONG CHI, SOYOUNG KIM. Economic Integration and Business Cycle Synchronization in Asia [J]. Asian Economic Papers, 2013, 12 (1): 76-99.

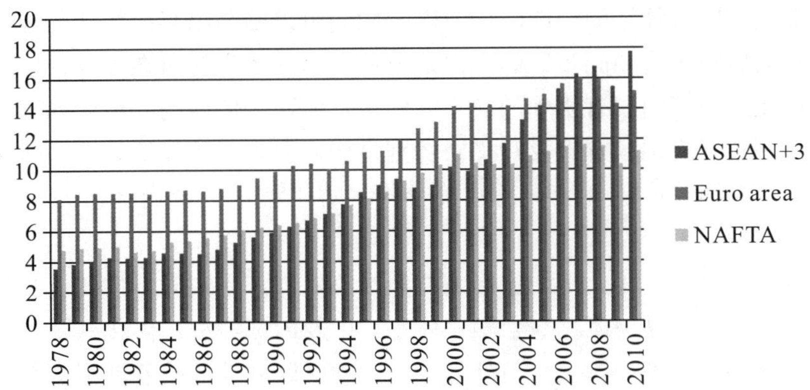

图 6－1　1978—2010 年不同地区的贸易总额占全球 GDP 的百分比（%）

数据来源：世界银行数据库。

注：以 2000 年的定值美元为标准。

从金融的角度来看，资本账户自由化和多种形式的金融合作，比如《清迈倡议多边化协议》和《促进亚洲债券市场发展倡议》促进了亚洲经济的国际一体化。ASEAN+3 总资产和债务与 GDP 的比值为 122.6%，占全世界 GDP 的 23.1%，2009 年，这个比值增长到 190.1%，其总资产和债务占全世界 GDP 的 40.9%①。这个数值在欧元区和北美自由贸易区要更大：欧元区总资产和债务达到其 GDP 的 347.05%，占全世界 GDP 的 74.73%；而北美自由贸易区总资产和债务是其 GDP 的 267.8%，占全世界 GDP 的 74.71%。亚洲国家在金融全球化方面具有更强劲的增长势头。

与贸易增长、金融一体化趋势一同存在的是亚洲区域内有所增强的经济周期同步。过去的研究显示，亚洲国家间经济周期的同步在亚洲金融危机之后发生了巨大改变。还有一些研究（如 2011 年 Kim 和 Lee 的研究，2011 年 Imbs 的研究，以及 2009 年 Moneta 和 Ruffer 的研究）发现在亚洲金融危机之后，亚洲国家经济周期的同步性有所增强，并且经济周期特性的这些改变很可能与他们的经济一体化进程相关。

亚洲国家间经济周期的同步对该区域有诸多重要的意义。一些学者和政策制定者认为，建立一个亚洲货币同盟或一个共同的亚洲货币单位对于该区域的发展有关键性意义。在此之下，该区域内国家的经济周期同步性或经济周期对称性对于评价亚洲货币一体化的成本和可行性来说是一个重要准则。通过研究

① 此数值为 9 个地区数值之和（日本、中国、韩国、马来西亚、菲律宾、印度尼西亚、泰国、中国香港、新加坡）。

经济一体化对区域经济周期同步的影响，我们可以推断出当前快速的经济一体化趋势对区域经济周期同步的影响以及亚洲货币一体化的潜在成本。

虽然亚洲国家间没有明确的货币一体化，但该区域内的经济周期同步性对于宏观经济政策协调具有重要意义。特别是区域内高度的经济周期一体化，共同的政策反应和（或）区域内的政策合作，对于稳定区域内经济波动都是必需的。

本章研究经济一体化是如何影响亚洲国家的经济周期同步性的。我们区分了两种一体化：贸易一体化与金融一体化，以及内部经济一体化（区域内部或亚洲国家之间的经济一体化）与外部经济联动（区域外部或亚洲国家与世界其他地区间的经济一体化的联动）。

将内部经济一体化和外部经济联动区分开来对于解释亚洲国家经济周期同步性是很重要的，因为内部经济一体化和外部经济联动都能够在区域范围内影响经济周期同步性，但是二者作用方式不同。因此，内部经济一体化和外部经济联动的影响应该被分别估计。此外，内部经济一体化和外部经济联动可能在影响区域经济周期同步中有相反的作用。比如，区域内国家间相似的外部金融联动可能会提高区域范围内经济周期同步性。然而，亚洲国家内较强的金融一体化可能会降低亚洲国家的经济周期同步性。通过区分一体化所带来的影响，我们可以推断其究竟是内部经济一体化还是外部经济联动这对于解释亚洲国家经济周期同步性非常为重要。为了估计内部经济一体化和外部经济联动各自的影响，我们采用了 Gong 和 Kim（2012 年）所采取的方法。

然而，许多过去的研究虽调查了亚洲范围内贸易一体化和金融一体化对于经济周期同步性的影响，但这些研究没有将内部一体化与外部联动的影响分离开来。大多数研究（如 2003 年、2004 年 Shin 和 Wang 的研究，2007 年 Cortinhas 的研究，2001 年 Choe 的研究，2003 年 Crosby 的研究，2006 年 Kumakura 的研究，2007 年、2008 年 Rana 的研究）只关注内部贸易一体化对经济周期同步性的影响。一些研究，如 2006 年 Shin 和 Sohn 的研究以及 2001 年 Imbs 的研究，讨论了贸易一体化和金融一体化的影响，但是这些研究要么只关注内部经济一体化，要么没有区分内部经济一体化与外部经济联动。

6.2 经济一体化和商业周期同步的趋势

在这一部分，我们简要分析亚洲国家内部经济一体化、外部经济联动贸易与金融一体化、内部与外部经济周期同步性的趋势。

6.2.1 经济一体化

表 6-1 是 1990 年至 2009 年年间，亚洲部分经济体的贸易关系的变化。表 6-1 显示，亚洲 9 个经济体（ASEAN+3）之间的区域内贸易量占贸易总额的比重，从 1990 年的 38%增长到 2005 年的 46%。然而，这一数值在 2009 年由于全球金融危机下降到 45%，高于北美自由贸易协定的数值，但低于欧盟经济体的数值。以占 GDP 的百分比来衡量，东亚内部贸易从 1990 年的 11%增长到 2005 年的 26%和 2009 年的 22%，高于欧盟经济体，并远高于北美自由贸易区。13 个亚太经济体（ASEAN+7）① 在区域内贸易中所占份额也相当可观，从 1990 年的 41%增长到 2009 年的 49%，区域内贸易占 GDP 的百分比在 2005 年也在增长，但 2009 年下降到 23%。区域内贸易的这种增长趋势不仅体现在整个亚洲地区，还在亚洲的国家个体上有所体现。2009 年，ASEAN+3 的成员国与整个 ASEAN+3 经济体之间的区域内贸易平均占 GDP 的 60%以上，且平均约占 ASEAN+7 经济体 GDP 的 50%。这反映出亚洲地区之间紧密的贸易联系。

---

① 在本书中，“ASEAN+7”指“ASEAN+3 经济体”加上印度、澳大利亚、巴基斯坦和新西兰。

表 6－1　1990—2009 年亚洲部分经济体的贸易关系

A. 区域内贸易占总贸易量的百分比（%）

	ASEAN+3					ASEAN+7					G6				
Economy	1990 年	1995 年	2000 年	2005 年	2009 年	1990 年	1995 年	2000 年	2005 年	2009 年	1990 年	1995 年	2000 年	2005 年	2009 年
Hong Kong China	53	55	56	64	67	56	57	59	67	70	27	24	23	17	14
China	56	54	48	40	35	58	57	50	44	40	25	27	29	28	26
Indonesia	54	50	51	58	57	58	55	57	65	66	24	26	22	16	14
Japan	24	34	34	40	43	29	39	38	44	48	44	38	37	28	22
Korea	35	41	40	45	44	38	45	43	49	49	39	32	30	22	17
Malaysia	54	54	54	55	57	59	58	58	59	64	28	28	26	24	17
Philippines	38	44	45	55	58	41	47	47	57	61	39	36	32	22	19
Singapore	44	51	50	52	52	49	55	54	58	58	30	27	25	20	17
Thailand	46	47	46	50	49	49	50	50	55	55	30	25	26	19	16
Australia	41	45	45	49	55	47	52	50	56	62	34	29	28	23	19
India	18	23	22	26	27	21	25	24	29	30	35	34	30	25	19
New Zealand	27	31	30	31	34	48	54	53	55	58	32	28	29	26	21
Pakistan	27	30	23	24	25	30	32	27	27	29	36	33	30	27	22
ASEAN+3	38	45	44	46	45	42	49	48	50	50	36	31	30	24	21
ASEAN+7	37	44	43	45	44	41	48	47	49	49	36	31	30	24	21

B. 区域内贸易占 GDP 的百分比（%）

	ASEAN+3					ASEAN+7					G6				
Economy	1990 年	1995 年	2000 年	2005 年	2009 年	1990 年	1995 年	2000 年	2005 年	2009 年	1990 年	1995 年	2000 年	2005 年	2009 年
Hong Kong China	103	112	110	177	177	107	117	115	184	187	51	49	46	47	37
China	18	25	22	27	16	19	26	23	29	18	8	12	13	19	12
Indonesia	20	19	30	34	24	21	21	33	37	28	9	10	13	9	6
Japan	4	5	6	10	10	5	6	7	11	11	7	6	7	7	5
Korea	17	19	25	29	36	19	21	27	32	40	19	15	18	14	14
Malaysia	73	94	110	107	91	79	101	118	117	101	38	49	54	46	28
Philippines	121	132	134	158	130	133	140	145	176	147	82	68	66	60	43
Singapore	30	37	50	64	53	31	39	54	70	60	19	20	28	25	17
Thailand	5	6	6	6	5	5	6	6	6	6	6	6	7	7	5
Australia	10	13	15	15	18	12	15	17	18	20	8	9	10	7	6
India	2	4	4	7	9	3	5	5	8	10	5	6	6	7	7
New Zealand	7	8	6	9	8	8	8	7	10	9	10	9	8	10	7
Pakistan	17	25	46	55	34	18	27	48	57	36	17	20	33	22	11
ASEAN+3	11	14	17	26	22	12	15	19	28	24	11	10	12	14	10
ASEAN+7	10	14	16	23	20	12	15	18	25	23	10	10	11	13	10

数据来源：国际货币基金组织统计数据。

注：贸易总额是指出口额与进口额的平均值。GDP 使用当前的价格数据。

从对外或区域间贸易关系角度来看，6国集团（除日本之外的7国集团，G6）经济体在ASEAN+3的贸易中所占份额一直在下降，但2009年仍保持在21%的可观水平。G6在ASEAN+7贸易中所占的份额也在下降，2009年为21%。然而，这并不一定意味着在21世纪初亚洲国家与6国集团的贸易联系比20世纪90年代要弱。按GDP的百分比衡量，ASEAN+3与G6贸易额的比例为11%，2009年为10%，同样，ASEAN+7与G6的贸易在1990年所占比重为10%，2009年波动不大，仍为10%。考虑到亚洲国家经济的快速增长，这数字意味着ASEAN+3与G6经济体实际贸易额在增长。此外，正如过去的一些研究（ADB于2007年的研究；Kim，Lee和Park于2011年的研究）所示，很大一部分的区域内贸易是被中间产品贸易所驱动的，这些中间产品贸易存在于亚洲主要经济体之间，并最终将产品出口到亚洲区域外。在这方面，区域内贸易动态仍对工业化经济体的外部需求变化或与主要工业国家的外部经济联系变化十分敏感。

表6－2提供了对金融一体化，间接投资的跨界持有（包括股本和长期及短期债务证券）的量化衡量。1997年，ASEAN+3的总间接投资资产从1997年的0.95万亿美元增至2010年的4.86万亿美元，且总间接投资负债从1997年的0.57万亿美元增至2010年的3.07万亿美元。

表6－2　1997—2010年亚洲地区间接投资总额

A. 间接投资总额（单位为10亿美元）

Year	Economy	Assets in			TOTAL	Liabilities from			TOTAL
		ASEAN+3	ASEAN+7	G6		ASEAN+3	ASEAN+7	G6	
1997	China	3.0	3.0	…	…	5.3	5.3	8.7	14.8
	Hong Kong China	37.5	46.9	…	…	10.2	11.1	56.4	74.1
	Indonesia	0.2	0.2	0.1	1.1	2.3	2.4	6.5	9.8
	Japan	29.1	63.2	573.6	906.7	1.2	5.7	305.0	365.0
	Korea	4.4	4.6	2.8	13.5	8.5	8.7	22.1	32.7
	Malaysia	0.9	1.1	0.5	1.8	10.4	10.5	13.3	25.1
	Philippines	0.0	0.0	0.0	…	1.5	1.6	9.5	11.7
	Singapore	10.4	11.4	9.4	22.8	2.7	2.9	16.8	21.5
	Thailand	0.1	0.1	0.1	0.3	2.9	2.9	7.9	11.5

续表

Year	Economy	Assets in			TOTAL	Liabilities from			TOTAL
		ASEAN +3	ASEAN +7	G6		ASEAN +3	ASEAN +7	G6	
1997	Australia	5. 5	6. 1	29. 5	41. 5	30. 6	31. 6	73. 3	116. 3
	New Zealand	0. 7	1. 7	4. 1	6. 5	2. 9	3. 4	12. 8	17. 7
	Pakistan	0. 0	0. 0	…	…	0. 0	0. 0	1. 8	1. 9
	India	1. 6	1. 6	…	…	2. 1	2. 1	11. 5	14. 8
	ASEAN+3	85. 5	130. 5	586. 5	946. 1	45. 0	51. 2	446. 2	566. 2
	as %of total	9. 0%	13. 8%	62. 0%	100. 0%	7. 9%	9. 0%	78. 8%	100. 0%
	ASEAN+7	93. 3	139. 9	620. 0	994. 1	80. 6	88. 4	545. 7	716. 8
	as %of total	9. 4%	14. 1%	62. 4%	100. 0%	11. 2%	12. 3%	76. 1%	100. 0%
2001	China	6. 9	6. 9	…	…	11. 7	11. 7	6. 0	20. 3
	Hong Kong China	30. 3	48. 8	82. 9	205. 6	11. 6	13. 9	59. 5	96. 7
	Indonesia	0. 2	0. 2	0. 4	0. 7	1. 2	1. 2	3. 0	5. 6
	Japan	21. 1	42. 9	832. 2	1289. 8	20. 0	25. 3	346. 6	542. 3
	Korea	1. 7	1. 8	4. 5	8. 0	14. 2	14. 6	52. 1	76. 8
	Malaysia	0. 8	0. 8	0. 7	2. 3	12. 3	12. 4	7. 5	22. 6
	Philippines	0. 1	0. 1	1. 9	2. 1	4. 2	4. 2	5. 6	12. 8
	Singapore	31. 3	42. 4	46. 2	105. 2	5. 7	6. 5	38. 1	50. 7
	Thailand	0. 3	0. 3	0. 4	0. 8	4. 8	4. 8	5. 4	12. 0
	Australia	8. 1	9. 0	59. 6	79. 4	45. 7	47. 3	88. 7	170. 0
	New Zealand	0. 8	2. 5	8. 1	12. 4	5. 3	6. 2	7. 8	18. 3
	Pakistan	0. 0	0. 0	…	…	0. 0	0. 0	0. 2	0. 5
	India	0. 1	0. 1	…	…	0. 8	0. 8	10. 5	15. 4
	ASEAN+3	92. 5	144. 2	969. 1	1614. 6	85. 6	94. 5	523. 8	839. 6
	as % of total	5. 7%	8. 9%	60. 0%	100. 0%	10. 2%	11. 3%	62. 4%	100. 0%
	ASEAN+7	101. 5	155. 7	1036. 8	1706. 4	137. 3	148. 8	631. 1	1043. 8
	as % of total	5. 9%	9. 1%	60. 8%	100. 0%	13. 2%	14. 3%	60. 5%	100. 0%

续表

Year	Economy	Assets in			TOTAL	Liabilities from			TOTAL
		ASEAN +3	ASEAN +7	G6		ASEAN +3	ASEAN +7	G6	
2010	China	37. 3	37. 4	…	…	253. 7	256. 3	154. 1	498. 2
	Hong Kong China	258. 8	305. 2	216. 0	928. 9	43. 0	50. 4	192. 1	320. 8
	Indonesia	1. 2	1. 3	1. 4	6. 5	25. 4	26. 3	46. 1	101. 9
	Japan	79. 8	230. 1	1839. 8	3345. 8	55. 3	77. 5	812. 4	1348. 2
	Korea	25. 8	31. 4	51. 3	116. 7	78. 3	82. 7	230. 9	407. 8
	Malaysia	17. 5	18. 5	10. 1	35. 9	28. 7	29. 7	46. 9	105. 8
	Philippines	1. 1	1. 1	2. 6	5. 9	9. 2	12. 3	21. 5	46. 5
	Singapore	144. 4	194. 2	140. 5	398. 8	37. 1	40. 5	89. 0	172. 2
	Thailand	13. 3	15. 0	3. 6	23. 0	11. 1	12. 4	33. 0	68. 8
	Australia	44. 5	54. 0	298. 2	468. 0	198. 7	216. 4	483. 5	931. 5
	New Zealand	1. 6	19. 2	15. 7	47. 8	7. 1	13. 3	24. 4	44. 7
	Pakistan	0. 0	0. 0	0. 0	0. 2	0. 1	0. 1	1. 5	4. 6
	India	0. 2	0. 3	0. 7	1. 6	49. 3	52. 6	130. 8	376. 5
	ASEAN+3	579. 0	834. 2	2265. 3	4861. 4	541. 8	588. 1	1625. 9	3070. 1
	as % of total	11. 9%	17. 2%	46. 6%	100. 0%	17. 6%	19. 2%	53. 0%	100. 0%
	ASEAN+7	625. 4	907. 8	2579. 9	5379. 0	796. 9	870. 4	2266. 1	4427. 4
	as % of total	11. 6%	16. 9%	48. 0%	100. 0%	18. 0%	19. 7%	51. 2%	100. 0%

B. 证券投资总额占 GDP 的百分比（%）

Year	Economy	Assets in			TOTAL	Liabilities from			TOTAL
		ASEAN +3	ASEAN +7	G6		ASEAN +3	ASEAN +7	G6	
1997	China	0. 1	0. 1	…	…	0. 2	0. 2	0. 4	0. 7
	Hong Kong China	23. 2	29. 1	…	…	6. 3	6. 9	34. 9	45. 9
	Indonesia	0. 0	0. 0	0. 0	0. 2	0. 5	0. 5	1. 3	1. 9
	Japan	1. 0	2. 1	18. 8	29. 8	0. 0	0. 2	10. 0	12. 0
	Korea	0. 7	0. 7	0. 4	2. 1	1. 3	1. 3	3. 4	5. 0
	Malaysia	0. 5	0. 6	0. 3	0. 9	5. 5	5. 5	7. 0	13. 2
	Philippines	0. 0	0. 0	…	…	0. 9	0. 9	5. 7	7. 0
	Singapore	9. 2	10. 2	8. 3	20. 3	2. 4	2. 6	15. 0	19. 2
	Thailand	0. 0	0. 0	0. 0	0. 1	1. 0	1. 0	2. 6	3. 8
	Australia	1. 2	1. 4	6. 6	9. 3	6. 9	7. 1	16. 5	26. 2
	New Zealand	1. 0	2. 6	6. 1	9. 7	4. 4	5. 1	19. 2	26. 6
	Pakistan	0. 0	0. 0	…	…	0. 0	0. 0	0. 9	0. 9
	India	0. 1	0. 1	…	…	0. 2	0. 2	0. 9	1. 2
	ASEAN+3	1. 8	2. 7	12. 2	19. 6	0. 6	0. 7	6. 0	7. 6
	ASEAN+7	1. 8	2. 6	11. 6	18. 6	0. 9	0. 9	5. 8	7. 6
2001	China	0. 2	0. 2	…	…	0. 4	0. 4	0. 2	0. 6
	Hong Kong China	16. 7	27. 0	45. 8	113. 5	6. 4	7. 7	32. 8	53. 4
	Indonesia	0. 0	0. 0	0. 1	0. 1	0. 2	0. 2	0. 6	1. 0
	Japan	0. 6	1. 3	25. 3	39. 2	0. 6	0. 8	10. 5	16. 5
	Korea	0. 2	0. 2	0. 6	1. 0	1. 7	1. 8	6. 3	9. 3
	Malaysia	0. 4	0. 4	0. 3	1. 0	5. 6	5. 6	3. 4	10. 3
	Philippines	0. 1	0. 1	1. 0	1. 1	2. 1	2. 1	2. 9	6. 5
	Singapore	23. 2	31. 4	34. 2	78. 0	4. 2	4. 8	28. 3	37. 6
	Thailand	0. 1	0. 1	0. 1	0. 3	1. 5	1. 5	1. 7	3. 7
	Australia	1. 5	1. 6	10. 8	14. 3	8. 2	8. 5	16. 0	30. 7
	New Zealand	1. 1	3. 1	10. 2	15. 6	6. 7	7. 7	9. 8	23. 0
	Pakistan	0. 0	0. 0	…	…	0. 0	0. 0	0. 1	0. 2
	India	0. 0	0. 0	…	…	0. 1	0. 1	0. 6	0. 9
	ASEAN+3	1. 6	2. 5	17. 0	28. 3	1. 0	1. 0	5. 8	9. 3
	ASEAN+7	1. 6	2. 5	16. 4	26. 9	1. 2	1. 3	5. 4	9. 0

续表

Year	Economy	Assets in			TOTAL	Liabilities from			TOTAL
		ASEAN +3	ASEAN +7	G6		ASEAN +3	ASEAN +7	G6	
2010	China	0.4	0.4	…	…	2.5	2.5	1.5	4.9
	Hong Kong China	79.1	93.3	66.0	283.9	13.2	15.4	58.7	98.0
	Indonesia	0.1	0.1	0.1	0.6	2.5	2.6	4.5	9.9
	Japan	1.8	5.3	42.6	77.4	1.3	1.8	18.8	31.2
	Korea	1.8	2.1	3.5	8.0	5.3	5.6	15.8	27.8
	Malaysia	4.2	4.4	2.4	8.6	6.9	7.1	11.3	25.4
	Philippines	0.3	0.3	0.7	1.6	2.5	3.4	5.8	12.6
	Singapore	49.3	66.3	48.0	136.2	12.7	13.8	30.4	58.8
	Thailand	2.3	2.6	0.6	3.9	1.9	2.1	5.6	11.7
	Australia	5.0	6.1	33.7	53.0	22.5	24.5	54.7	105.4
	New Zealand	1.4	16.2	13.3	40.3	6.0	11.3	20.6	37.8
	Pakistan	0.0	0.0	0.0	0.0	0.0	0.0	0.3	1.0
	India	0.0	0.0	0.0	0.0	1.2	1.3	3.2	9.3
	ASEAN+3	6.6	9.5	25.7	55.1	2.9	3.1	8.6	16.2
	ASEAN+7	4.4	6.3	18.0	37.5	3.3	3.6	9.3	18.1

数据来源：双边间接投资调查（CPIS），国际货币基金组织。

注：… 表示无可用数据。

从表 6－2 中我们还可以看到区域内间接投资投资的大量增加。1997 年，ASEAN+3 经济体的跨境间接投资资产和负债持有量分别只有 855 亿美元和 450 亿美元。2010 年，这两个数字分别增至 5790 美元和 5418 亿美元。ASEAN+3 的资产投资额占 ASEAN+3 在 1997 年总资产持有量的 9.0%，但在 2001 年下降至 5.7%（这在一定程度上归因于亚洲金融危机），并于 2010 年增长到了 11.9%。相比之下，他们投资于 G6 的资产比例从 1997 年的 62.0%下降到 2010 年的 46.6%。对于负债，我们可以看到区域内间接投资的比例甚至有更剧烈的增长。区域内间接投资占负债的比例从 1997 年的 7.9%增长到 2010 年的 17.6%。然而，就贸易关系而言，这些结果并不意味着东盟近年来与 G6 的财务联系减少了。由表 6－2 可知，亚洲地区与美国之间的跨境资产实际规模大幅增加，并与金融全球化进程保持一致。

6.2.2 经济周期同步

在过去的许多研究中，我们用两个国家周期性的实际 GDP 的同期双边相关系数来描述两个国家的经济周期同步性。为获得真实 GDP 的趋势，我们采用 HP 滤波法，为获得周期性实际 GDP，即趋势实际 GDP 减去实际 GDP，采用 1990—2009 年间的年度数据。[①]

表 6－3 列出了 1990—2009 年 13 组亚太地区的周期性实际 GDP 的相关系数，以及 13 组亚太地区和 G6 国家的周期性实际 GDP 的相关系数。亚洲国家的经济周期同步性在 20 世纪第一个 10 年比 19 世纪 90 年代要高，亚洲国家之间的双边关系在大多数情况下都有所上升。正如平均数字（Avg.）所示，1990—2009 年在 ASEAN＋3 的 9 个国家中，有 6 个国家的经济周期同步性增加，在 ASEAN＋7 的 13 个国家中，有 10 个国家的经济周期同步性增加。此外，亚洲国家与美国和 G6 的经济周期同步化程度也有所提高。ASEAN＋3 与美国的平均相关性从－0.24 上升到 0.50，与 G6 的相关性从－0.23 上升到 0.69。ASEAN＋7 与美国的相关性从－0.02 上升到 0.49，与 G6 的相关性从－0.01 上升到 0.65。

① 实际 GDP 是用除了 G6 总和之外当地的单位来衡量的，这里使用的是购买力平价的实际 GDP。

表 6—3　亚洲地区产出的相关系数

A. 1990—1999 年

	HK	CHN	INO	JPN	KOR	MAL	PHI	SIN	THA	AU	NZ	PAK	INA	US	G6
HK	1.00	−0.27	0.92	0.67	0.72	0.87	−0.08	0.71	0.91	−0.61	0.20	0.14	−0.60	−0.70	−0.73
CHN	−0.27	1.00	−0.09	−0.31	0.02	0.05	0.78	0.44	−0.20	0.90	0.81	−0.24	0.82	0.78	0.66
INO	0.92	−0.09	1.00	0.81	0.83	0.98	0.21	0.81	0.93	−0.47	0.39	0.28	−0.35	−0.61	−0.60
JPN	0.67	−0.31	0.81	1.00	0.67	0.78	0.25	0.47	0.63	−0.52	0.04	0.46	−0.30	−0.59	−0.44
KOR	0.72	0.02	0.83	0.67	1.00	0.89	0.37	0.77	0.80	−0.26	0.52	0.30	−0.04	−0.35	−0.24
MAL	0.87	0.05	0.98	0.78	0.89	1.00	0.36	0.87	0.89	−0.32	0.52	0.27	−0.18	−0.46	−0.44
PHI	−0.08	0.78	0.21	0.25	0.37	0.36	1.00	0.57	−0.03	0.68	0.75	0.01	0.78	0.56	0.61
SIN	0.71	0.44	0.81	0.47	0.77	0.87	0.57	1.00	0.70	0.08	0.80	−0.10	0.08	−0.10	−0.15
THA	0.91	−0.20	0.93	0.63	0.80	0.89	−0.03	0.70	1.00	−0.57	0.35	0.30	−0.45	−0.71	−0.71
Avg1	0.56	0.05	0.68	0.50	0.63	0.71	0.30	0.67	0.58	−0.12	0.49	0.16	−0.03	−0.24	−0.23
AU	−0.61	0.90	−0.47	−0.52	−0.26	−0.32	0.68	0.08	−0.57	1.00	0.56	−0.29	0.91	0.96	0.88
NZ	0.20	0.81	0.39	0.04	0.52	0.52	0.75	0.80	0.35	0.56	1.00	−0.13	0.59	0.36	0.29
PAK	0.14	−0.24	0.28	0.46	0.30	0.27	0.01	−0.10	0.30	−0.29	−0.13	1.00	0.00	−0.25	−0.16
INA	−0.60	0.82	−0.35	−0.30	−0.04	−0.18	0.78	0.08	−0.45	0.91	0.59	0.00	1.00	0.86	0.88
Avg2	0.30	0.23	0.44	0.30	0.47	0.50	0.39	0.52	0.36	0.01	0.45	0.08	0.11	−0.02	−0.01

B. 2000—2009年

	HK	CHN	INO	JPN	KOR	MAL	PHI	SIN	THA	AU	NZ	PAK	INA	US	G6
HK	1.00	0.51	0.49	0.75	0.52	0.91	0.93	0.97	0.71	0.65	0.20	0.95	0.64	0.68	0.91
CHN	0.51	1.00	0.98	−0.12	−0.11	0.47	0.70	0.61	−0.11	0.22	−0.68	0.70	0.98	−0.24	0.18
INO	0.49	0.98	1.00	−0.15	−0.14	0.47	0.69	0.57	−0.13	0.23	−0.70	0.68	0.96	−0.28	0.14
JPN	0.75	−0.12	−0.15	1.00	0.79	0.73	0.57	0.66	0.94	0.71	0.75	0.52	0.01	0.98	0.94
KOR	0.52	−0.11	−0.14	0.79	1.00	0.56	0.37	0.50	0.69	0.71	0.59	0.28	−0.04	0.74	0.74
MAL	0.91	0.47	0.47	0.73	0.56	1.00	0.93	0.92	0.80	0.81	0.27	0.84	0.57	0.66	0.83
PHI	0.93	0.70	0.69	0.57	0.37	0.93	1.00	0.95	0.59	0.72	−0.01	0.93	0.78	0.46	0.75
SIN	0.97	0.61	0.57	0.66	0.50	0.92	0.95	1.00	0.67	0.68	0.12	0.95	0.72	0.59	0.83
THA	0.71	−0.11	−0.13	0.94	0.69	0.80	0.59	0.67	1.00	0.74	0.77	0.51	0.02	0.94	0.85
Avg1	0.72	0.37	0.35	0.52	0.40	0.72	0.72	0.73	0.52	0.61	0.15	0.71	0.52	0.50	0.69
AU	0.65	0.22	0.23	0.71	0.71	0.81	0.72	0.68	0.74	1.00	0.45	0.53	0.27	0.61	0.69
NZ	0.20	−0.68	−0.70	0.75	0.59	0.27	−0.01	0.12	0.77	0.45	1.00	−0.04	−0.58	0.83	0.50
PAK	0.95	0.70	0.68	0.52	0.28	0.84	0.93	0.95	0.51	0.53	−0.04	1.00	0.81	0.45	0.74
INA	0.64	0.98	0.96	0.01	−0.04	0.57	0.78	0.72	0.02	0.27	−0.58	0.81	1.00	−0.10	0.32
Avg2	0.69	0.35	0.33	0.51	0.39	0.69	0.68	0.69	0.52	0.56	0.10	0.64	0.43	0.49	0.65

注：这些数字代表如本书中所描述的双边BCS。这里的Avg1是ASEAN+3（除本国经济体外）的相关系数的简单算术平均数，Avg2是ASEAN+7（除本国经济体外）的相关系数的简单算术平均数。AU指澳大利亚，CHN指中国，HK指中国香港地区，INA指印度，INO指印度尼西亚，JPN指日本，KOR指韩国，MAL指马来西亚，NZ指新西兰，PAK指巴基斯坦，PHI指菲律宾，SIN指新加坡，THA指泰国，VIE指越南，US指美国。

数据来源：彭博社，CEIC，国际货币基金组织。

亚洲国家经济周期同步性的增加可能与上一部分所记载的亚洲经济体中更高程度的贸易和金融一体化有关。然而，这一增长也可能与亚洲国家和发达国家的经济周期同步性的增加有关。而这反过来又可能与亚洲国家和发达国家之间更相似、更紧密的经济联系有关。在下一部分，我们将研究内部经济一体化与外部经济联动、贸易与金融一体化对亚洲国家经济周期同步性的影响。

6.3 实证研究

6.3.1 实证模型

过去的研究使用了以下回归类型来分析贸易和金融一体化对经济周期同步性的影响（Imbs 2004，2006，2011）：

$$\rho_{ij} = \alpha_0 + \alpha_1 T_{ij} + \alpha_2 F_{ij} + \varepsilon_{ij} \tag{1}$$

式中，ρ_{ij}表示i国和j国实际GDP周期性分量之间的相关性，T_{ij}是i国和j国之间的双边商品贸易强度，F_{ij}是i国和j国之间的双边资本流动强度，α_1和α_2反映贸易一体化和金融一体化对经济周期同步性的影响程度。

除了亚洲国家之间的经济一体化外，亚洲国家与世界其他国家之间的经济联系也会影响亚洲国家的经济周期同步性。比如，由于韩国和泰国与美国有相似且密切的共同经济联系，美国的结构性冲击同样也会以相似的方式影响韩国和泰国。考虑到这种与区域外国家之间的经济联系产生的影响，我们在方程（1）中新加入了两个变量，如下所示：

$$\rho_{ij} = \alpha_0 + \alpha_1 T_{ij} + \alpha_2 F_{ij} + \alpha_3 EXT_{ij} + \alpha_4 EXF_{ij} + \varepsilon_{ij} \tag{2}$$

式中，EXT_{ij}和EXF_{ij}分别表示导致i国和j国之间经济周期同步性的外部贸易联动和外部金融联动。这两个指标反映i国和j国之间的外部联系与区域外国家的外部联系的密切及相似程度。

同时，我们在模型中加入以下方程组，允许等式右边的变量之间相互影响：

$$\left.\begin{aligned} \rho_{ij} &= \alpha_0 + \alpha_1 T_{ij} + \alpha_2 F_{ij} + \alpha_3 EXT_{ij} + \alpha_4 EXF_{ij} + \varepsilon_{ij}^1 \\ T_{ij} &= \beta_0 + \beta_1 F_{ij} + \beta_2 I_{ij}^T + \beta_3 EXT_{ij} + \beta_4 EXF_{ij} + \varepsilon_{ij}^2 \\ F_{ij} &= \gamma_0 + \gamma_1 T_{ij} + \gamma_2 I_{ij}^F + \gamma_3 EXT_{ij} + \gamma_4 EXF_{ij} + \varepsilon_{ij}^3 \end{aligned}\right\} \tag{3}$$

式中，I_{ij}^T和I_{ij}^F分别是影响i国和j国之间双边贸易强度和双边资本流动强度的工具变量。在这个方程组中，我们允许存在内部金融和贸易的一体化。外部贸易联动既有直接影响（α_1），也有通过影响内部金融一体化产生的间接影响

($\gamma_1\alpha_2$)。同样，内部贸易一体化也有直接效应（α_2）和通过影响内部金融一体化产生的间接影响（$\beta_1\alpha_1$）。另外，我们允许外部联动的两个指标对内部一体化的指标产生影响。

对方程（1）（2）（3）采用最小二乘法（OLS）估计，对方程组（4）采用三阶段最小二乘法估计。更为详细的解释参见 Gong 和 Kim2012 年研究中的实证模型。

6.3.2 指标与数据

为了衡量贸易一体化的程度，我们建立了如下 i 国和 j 国之间的贸易强度（T_{ij}）指标：

$$T_{ij} = \frac{1}{2T}\sum_t \frac{(X_{ijt} + M_{ijt})Y_t^w}{Y_{it} \times Y_{jt}} \tag{4}$$

式中，X_{ijt} 是 t 时间从 i 国出口到 j 国的数量，$M_{i,j,t}$ 是 t 时间 i 国从 j 国进口的数量；Y_t^w 是 t 时间的全球 GDP；Y_{it} 是 t 时间 i 国的 GDP。这一指标在前人的研究中曾被多次使用，包括在 Imbs 于 2006 年的研究。这一指标可以追溯到 Deardorff 于 1998 年建立在引力模型之上的理论研究，包括 Imbs（2006）在内的许多研究也都使用了这一指标。此指标只取决于贸易壁垒而与国家规模无关。这个性质在我们的研究中尤为有用，因为本书样本中的亚洲国家的规模十分多样化，而我们希望采用一个与国家规模无关且能够恰当地展现贸易一体化程度的指标。① Deardorff 的研究证明，如果偏好是其次的且不存在贸易壁垒，则其值为 1。

为了准确展现与国家规模无关的金融一体化程度，本书建立了一个相似的 i 国和 j 国之间衡量金融一体化程度的指标。② i 国和 j 国间金融一体化的指标（$F_{i,j}$）计算方法如下：

$$F_{ij} = \frac{1}{T}\sum_t \frac{(I_{ijt} + I_{jit})}{Y_{i,t} + Y_{jt}} \tag{5}$$

其中，I_{ijt} 表示 t 时间 i 国在 j 国的间接投资的数量。为了衡量金融一体化的程度，过去的研究常常使用间接投资的数据。本书沿用了这一方法，使用双边间

① 其他条件不变时，规模更大的国家可能产生更多的贸易。

② 过去的研究表明引力模型同样可以用来解释金融资产的国际交易。

接投资的数据①。

衡量影响 i 国和 j 国之间经济周期同步性外部贸易联动的指标（EXT_{ij}）建立如下：

$$EXT_{ij} \equiv \sum_{k=1}^{6} w_k \{MAXT - |T_{ik} - T_{jk}|\} \min\{T_{ik}, T_{jk}\} \tag{6}$$

式中，w_k 是 G6 国家真实 GDP 的相对权重，$MAXT$ 是对所有的 i，j，k 国的 T_{ij} 和 T_{ik} 的最大值。等式（6）的第一项 $\{MAXT - |T_{ik} - T_{jk}|\}$ 表示 i 国和 k 国的相关性及 j 国与 k 国的相关性的相似程度。$|T_{ik} - T_{jk}|$ 衡量 i 国和 j 国之间贸易一体化与 j 国和 k 国之间贸易一体化的差异。通过除去样本中 T 的最大可能值，第一项 $\{MAXT - |T_{ik} - T_{jk}|\}$ 可以衡量相似性。等式（6）的第二项（$\min\{T_{ik}, T_{jk}\}$）表示 i 国和 j 国以及 j 国和 k 国之间贸易一体化的相同部分，展示 i 国和 j 国以及 j 国和 k 国之间贸易一体化的相同部分的强度。

使用这一指标背后的原理：如果一个区域内的两个国家，如亚洲的韩国和泰国，与区域外的国家，如 G6 国家，有相似且显著的共同外部贸易一体化，那么韩国和泰国之间的经济周期同步性可能很高。自然而然地，第一项展示了韩国和泰国外部贸易联系的相似性，第二项展示了韩国和泰国之间共同外部贸易联系的强度。韩国和泰国与 G6 国家之间的贸易强度（T_{ik} 和 T_{jk}）显示了韩国和泰国的外部贸易联系的强度。由于韩国和泰国之间外部贸易联系的相似性，很有可能因二者与外部贸易联系都很弱而导致第一项数值过高，产生误判。因此，我们加入了两个国家外部贸易强度的最小值。

同理，我们可以建立衡量影响 i 国和 j 国之间经济周期同步性的外部金融联动的指标：

$$EXF_{ij} \equiv \sum_{k=1}^{6} w_k \{MAXF - |F_{ik} - F_{jk}|\} \min\{F_{ik}, F_{jk}\} \tag{7}$$

其中，$MAXF$ 是对所有 i，j，k 国的 F_{ij} 和 F_{ik} 的最大值。第一项 $\{MAXF - |F_{ik} - F_{jk}|\}$ 表示相似性，第二项（$\min\{F_{ik}, F_{jk}\}$）表示 i 国和 j 国以及 j 国和 k 国之间的共同的外部金融联系。

需要注意的是，这些衡量外部联动的指标与衡量内部一体化的指标在本质上存在着不同。衡量内部一体化的指标仅表示 i 国和 j 国之间贸易及金融一体化的强度，然而衡量外部联动的指标展现了 i 国与区域外国家间外部一体化和

① 我国的资本数据通过计算样本期限年内债务国的负债数据得到。我们使用相同的方法得到了以下国家的资产数据：中国香港（1997），印度（1997，2001，2002，2003）和巴基斯坦（1997，2001）。

j 国与区域外国家间外部一体化之间的强度和相似度。（详见 Gong 和 Kim2012 年的研究）

追随过去的实证研究，我们在贸易一体化方程中使用了两个国家首都城市之间的地理距离、两个国家间是否有国界、两个国家是否使用同种官方语言 3 个工具变量。在分析双边贸易的决定因素时，这 3 个工具变量通常被认为是完全外生的，且具有很好的预测能力。本书在分析金融一体化问题上，选用了两个工具变量，即两个国家的人均实际 GDP 之和以及两个国家的人均实际 GDP 差额。收入水平可能影响金融一体化的程度，因为高收入国家的金融市场和技术更为发达，而且高收入国家间的金融一体化更为容易。相反，收入水平间的巨大差异可能使得金融一体化更艰难。

本书考察了以下国家集团：首先是 ASEAN＋3 的 9 个国家，因为诸如《清迈倡议多边化协议》和《亚洲债券市场发展倡议》的各类政策合作在这些国家的国家层面有积极的探索；其次，我们将 ASEAN＋3 又加入了 4 个国家（即印度、巴基斯坦、新西兰和澳大利亚）成为 ASEAN＋7，因为政策讨论时通常也把这 4 个国家作为延展政策合作的潜在参与国包括在内。

选取经济周期关联性的指标时，我们计算了 2001—2009 年间周期性实际 GDP（年度数据）的相关性（见表 6－3）。其他的一些指标，均使用 2001 年至 2009 年的平均值。不同指标间的相关性结果如表 6－4 所示。可以看出，相较内部经济一体化指标而言，经济周期同步性指标（ρ）更多地与外部联动指标相关。这一关联性表示：在解释亚洲国家的经济周期同步性时，外部联系可能比内部联系更重要。我们在下个部分给出有关这个推测的正式分析。

6.4 结果

6.4.1 基本结果

表 6－5 显示的是使用单一方程式法的估计结果。把内部贸易一体化的指标作为唯一的回归元时，其对应方程式的系数在 ASEAN＋3 和 ASEAN＋7 的样本中均为正，其中在 ASEAN＋7 的样本中仅仅体现出 10％的显著性水平。类似地，当把内部金融一体化的指标作为唯一的回归元，其对应方程式的系数在 ASEAN＋7 和 ASEAN＋3 的样本中也均为正，且显著性水平分别为 5％和 10％。然而，当将内部贸易一体化和内部金融一体化均作为回归元时，两者在方程式中对应的系数均未被显著估计。这可能是由于如表 6－4 中所表现出来

的这两个回归元间的高度相关性。

表 6—4 各指标间的相关系数

A. ASEAN+3

	ρ	ρ_1	T	F	EXT	EXT_1	EXF	EXF_1
ρ	1							
ρ_1	0.948	1						
T	0.261	0.231	1					
F	0.297	0.276	0.904	1				
EXT	0.382	0.374	0.675	0.811	1			
EXT_1	0.382	0.374	0.676	0.812	1.000	1		
EXF	0.439	0.424	0.284	0.600	0.591	0.590	1	
EXF_1	0.444	0.430	0.290	0.605	0.594	0.594	1.000	1

B. ASEAN+7

	ρ	ρ_1	T	F	EXT	EXT_1	EXF	EXF_1
ρ	1							
ρ_1	0.903	1						
T	0.208	0.164	1					
F	0.232	0.202	0.864	1				
EXT	0.281	0.243	0.712	0.757	1			
EXT_1	0.282	0.244	0.712	0.758	1.000	1		
EXF	0.333	0.279	0.249	0.606	0.437	0.437	1	
EXF_1	0.334	0.281	0.253	0.612	0.439	0.439	1.000	1

表 6—5 使用单一方程的估计结果

A. ASEAN+3

ρ	OLS	OLS	OLS	OLS
T	0.005 (1.58)		−0.001 (−0.11)	0.027 (2.56)**
F		0.019 (1.82)*	0.021 (0.87)	−0.109 (−2.61)**

续表

ρ	OLS	OLS	OLS	OLS
EXT				0.015 (1.45)
EXF				0.090 (3.20)***
$\bar{R}^2$	0.041	0.062	0.034	0.277

B. ASEAN+7

ρ	OLS	OLS	OLS	OLS
T	0.006 (1.86)*		0.001 (0.14)	0.018 (2.09)**
F		0.020 (2.08)**	0.0177 (0.92)	−0.069 (−2.24)**
EXT				0.011 (1.18)
EXF				0.067 (3.16)***
$\bar{R}^2$	0.031	0.041	0.029	0.146

注：* $P<0.1$；** $P<0.05$；*** $P<0.01$。

当外部金融联动和外部贸易联动的指标均被添加至方程式时，这两个回归元与内部贸易一体化的指标的系数均被估计为正，而内部金融一体化的指标的系数为负。内部贸易和金融一体化指标的估计系数的显著性水平均为 5%，而外部金融联动指标的估计系数的显著性水平为 1%。表 6−5 同时也显示，当外部联动的两个指标被纳入回归方程中时，调整判断系数会有一个大幅的上升。

表 6−6 展示的是方程组估计的结果。主要方程式［（3）中的第一个方程式］的估计结果与之前单一方程估计的结果相似。GDP 相关方程中的每个变量产生的影响的符号是一样的，内部贸易一体化、外部贸易和金融联动均对经济周期同步性产生正向影响，但内部金融一体化会对其产生负面影响。在大多数情况下，所估计出的系数都具有显著性。

表 6－6　使用方程式组估计的结果

	ASEAN+3	ASEAN+7
GDP correlations (ρ) equation		
T	0.070 (2.84)***	0.033 (1.60)
F	−0.303 (−2.82)***	−0.155 (−2.07)**
EXT	0.038 (2.20)**	0.023 (1.71)*
EXF	0.186 (3.28)***	0.112 (2.63)***
$\bar{R}^2$	−0.202	0.045
Trade (T) equation		
F	3.941 (7.02)***	3.794 (5.47)***
EXT	−0.285 (−1.16)	−0.059 (−0.22)
EXF	−1.950 (−5.32)***	−2.026 (−5.42)***
$\bar{R}^2$	0.915	0.848
Finance (F) equation		
T	0.217 (7.18)***	0.243 (5.95)***
EXT	0.122 (2.09)**	0.044 (0.49)
EXF	0.473 (4.34)***	0.517 (6.24)***
$\bar{R}^2$	0.948	0.908

结果表明，外部贸易和金融联动正向影响着区域经济周期的同步性。这项发现预示着两个国家间相似且密切的共同外部联系会增进两国之间的经济周期同步性。这并不意外。举例来说，假设韩国与美国之间的贸易联系和泰国与美国之间的贸易联系十分密切且相似，并且美国经济正处于萧条期，这时，韩国和泰国将难以向美国出口产品。因此，这两个国家有可能都会经历国民收入的

降低和更加劣势的贸易差额，这便会引起两国之间的经济周期同步变动。类似地，假设韩国与美国之间的金融联系和泰国与美国之间的金融联系十分密切且相似，并且美国经济正处于萧条期，使得美国金融资产价格下滑，这时，韩国和泰国所持有的美国金融资产带来的净投资收入和资本利得很有可能也会随之下降。这种情况会导致韩、泰两国的国民收入均下降，从而对这两个国家的经济周期同步性产生正向影响。

结果同样指出了内部一体化对经济周期同步性的正向影响。许多研究，如 Frankel 和 Rose 的研究，也同样观察到贸易一体化对经济周期同步性的正向影响。Frankel 和 Rose 的研究说明了贸易导向的分工所产生的负面影响比贸易一体化对经济周期同步性的直接正面影响更弱。Imbs 于 2004 年的研究也对此进行了证实。

有趣的是，上述结果显示内部金融一体化对区域内经济周期相关性的影响是负面的。而过去的实证研究（比如 Imbs2004 年和 2006 年对世界经济的研究，及 Shin 和 Sohn2006 年对亚洲国家经济的研究）发现，内部金融一体化产生的影响要么是正向的，要么是不显著的。这提示我们，当外部联系没有如过去的研究那样被纳入回归方程估计时，内部金融一体化产生的影响是正向的。因此，如果忽略外部联动对模型的影响，内部一体化对内部经济周期同步性的影响会被不正确地估计①。

理论上来说，金融一体化对经济周期相关性的影响是难以确定的。一方面，一些研究预示着这个影响是负面的。正如 Backus 等人在 1992 年和 Baxter 等人在 1995 的研究，在一个两国完全市场模型中，某一国国内正面的生产力冲击会使该国以两国间资本缺口边际生产力的方式引入另一国资本，因此会使得两国的产出之间产生负相关性。Obstfeld 在 1994 年的研究认为，金融一体化能促进风险项目的投资，使得各个国家基于比较优势进行分工，这样的影响会使得各国的产出间存在负相关性。另一方面，其他研究，如 Calvo 和 Mendoza 在 2000 年的研究则表明，金融一体化产生的影响是正向的——金融全球化可能会推进传导机制的传导能力，并通过以下两种方式使经济周期同步性有所提升，一是在卖空限制的情况下削弱收集昂贵信息的动机；二是如果低于市场的表现于投资组合经理而言是昂贵的，那么就会加强模仿任意市场投资

① Gong 和 Kim 在研究发展中国家各区域时也采用了类似的方法，并发现在控制外部联系后内部一体化的影响是负面的。另外，这个结果在很大程度上与 Kalemli-Ozcan、Papaioannou 和 Peydró 在 2009 年的研究结果相符。后者认为，过去的研究没有注意到遗漏变量偏误，如没有控制总量效应，同时他们也认为，在控制这个偏误后，金融一体化会对经济周期同步性产生负面影响。

组合的动机。本书的实证研究结果支持了上述的金融一体化对经济周期相关性有负面影响的研究成果。

本书的研究结果也显示出内部贸易和金融一体化对彼此的正向影响，金融相关的方程中对内部贸易一体化指标的估计系数与贸易相关的方程中对内部金融一体化的估计系数均为正且均显著。这个结果可能意味着为推进区域贸易（或金融）一体化所做的政策努力不仅仅引起了贸易（或金融）一体化，同时也引起了金融（或贸易）一体化。这个结果同样也说明，区域金融一体化虽然会对经济周期同步性产生负面影响，但同时也通过正向影响区域贸易一体化从而对经济周期同步性产生间接的正向影响。在考虑到这个间接的正向影响后，内部金融一体化对区域内经济周期同步性的总负面影响也许并不大。

6.4.2 扩展结果

多数系数在上述的回归分析中都具有显著性。因此，要推断在解释经济周期同步性时哪一个变量最重要是很困难的。为决定变量间的相对重要性，我们采用了由 Kruskal 于 1987 年提出的方法，并计算由每个变量解释的经济周期相关性的方差的占比。①

表 6—7 显示出外部金融联动是最重要的变量，其次是内部金融一体化，这说明金融联系也许比贸易一体化在解释亚洲国家经济周期同步性方面更具有相关性。此外，两个外部联动所占比例之和也大于两个内部联系所占比例之和，这符合亚洲经济体被发达国家经济状况所显著影响的广泛认知。

表 6—7 偏相关和相对重要性指数

A. ASEAN+3

Variable	Partial Corr.	Semipartial Corr.	Relative Importance Index
T	0.42	0.37	0.06
F	−0.42	−0.38	0.06
EXT	0.25	0.21	0.02
EXF	0.50	0.46	0.09

① 这种方法也被称为自变量所有排序的相对重要性平均法。首先，我们计算了因变量在由第一个自变量线性解释时的方差所占的比例。然后，我们计算了因变量在由第二个自变量线性表达时的剩下的方差所占的比例，并以此类推。最后，计算所有可能排序的占比的平均值。详见 Kruskal 在 1987 年的研究。

B. ASEAN+7

Variable	Partial Corr.	Semipartial Corr.	Relative Importance Index
T	0.24	0.22	0.02
F	−0.25	−0.24	0.03
EXT	0.14	0.12	0.01
EXF	0.35	0.33	0.05

注：偏相关衡量的是在一系列控制随机变量的影响被剔除后，两个随机变量之间联系的程度。半偏相关统计与偏相关统计相似，两种方式都是衡量个别指标得到控制后方差之间的相关性，但半偏相关的计算需要第三变量对 X 或 Y 保持不变，而偏相关则需要第三变量对 X 和 Y 同时保持不变。

我们也进行了各种实验以检测结果的稳定性。首先，我们使用实际 GDP 增速的相关性，而不是将周期性实际 GDP 作为经济周期相关性的指标。其次，我们使用了外部联动的其他指标，如下所示：

$$EXT1_{ij} \equiv \sum_{k=1}^{6} w_k \min\{T_{ik}, T_{jk}\}$$

$$EXF1_{ij} \equiv \sum_{k=1}^{6} w_k \min\{F_{ik}, F_{jk}\}$$

在这种衡量方法下，忽略代表外部联系相似性的一项，仅考虑共同外部联动的规模。再次，贸易和金融一体化的其他衡量方法也被纳入考虑：

$$T1_{ij} = \frac{1}{T}\sum_{t} \frac{X_{ijt} + M_{jit}}{Y_{it} + Y_{jt}}$$

$$F1_{ij} = \frac{1}{T}\sum_{t} \frac{I_{ijt} + I_{jit}}{Y_{it} + Y_{jt}}$$

与之前采用的指标相比，这些指标同样与国家规模有关。第四，经济周期同步性结构可能已造成了经济一体化。在这个思考层面上，经济周期相关性指标是在 2002 年至 2009 年的数据上建立起来的，而一体化的指标仅仅建立在 2001 年的数据基础上。第五，我们考虑了方程组的另一种结构，在这种结构中外部金融（或贸易）联动对内部贸易（或金融）一体化并不产生影响。如表 6−7 所示，结果大体上是相同的，

6.5 结论

本章研究了经济一体化对于亚洲国家经济周期同步性的影响，特别是分析了内部经济一体化与外部经济联动，以及贸易与金融一体化对于亚洲国家内部经济周期同步性的影响。我们发现，相似的正向的外部联动对于亚洲国家经济周期同步性具有显著的正向影响。这个发现认为，来自亚洲之外的主要工业化国家的外部冲击可以影响亚洲国家并产生该区域内国家间的经济周期同步。此外，外部性联动，特别是外部性金融联动，对于亚洲国家经济周期的同步来说是最重要的因素。本书也证实了过去研究中所认为的，内部贸易一体化对于经济周期同步性有正向影响这一说法。值得一提的是，我们发现，在控制外部性联动之后，内部金融一体化对于亚洲经济周期同步性有负向影响。这与之前的实证研究发现的内部金融一体化的正向影响相反，但是之前的研究没有考虑到外部性金融联动。

实证结果预示着致力于亚洲内部贸易一体化的区域性政策，如 ASEAN+3 的自由贸易区，很可能会通过加深内部贸易一体化的程度来增加区域内经济周期同步性。如果未来的研究结果依旧如此，那么亚洲国家的经济周期同步性很可能会有所增强。而同步性更强的区域经济周期反过来会增加对于区域性宏观经济政策协调的需要，同时会减少区域性货币一体化的成本。

表 6－8　扩展结果

	1		2	
	ASEAN+3	ASEAN+7	ASEAN+3	ASEAN+7
GDP correlations (ρ) equation				
T	0.064 (3.18)***	0.032 (1.83)*	0.074 (3.54)***	0.344 (1.69)*
F	−0.290 (−3.29)***	−0.165 (−2.6)***	−0.328 (−3.46)***	−0.165 (−2.17)**
EXT	0.039 (2.71)***	0.026 (2.17)**	5.250 (2.46)**	3.040 (1.77)*
EXF	0.168 (3.61)***	0.106 (2.91)***	6.264 (3.96)***	3.690 (2.71)***
$\bar{R}^2$	−0.766	−0.310	−0.568	0.030
Trade (T) equation				
F	4.034 (7.26)***	3.713 (5.4)***	4.154 (7.48)***	3.869 (5.35)***
EXT	−0.318 (−1.31)	−0.029 (−0.11)	−45.454 (−1.47)	−9.926 (−0.28)
EXF	−2.00 (−5.51)***	−1.988 (−5.37)***	−2.057 (−5.63)***	−65.298 (−5.32)***
$\bar{R}^2$	0.910	0.852	0.906	0.846

续表

Finance (F) equation				
T	0.223 (7.44)***	0.241 (5.99)***	0.221 (7.96)***	0.244 (6.09)***
EXT	0.113 (1.95)*	0.048 (0.75)	14.150 (2.05)**	5.010 (0.66)
EXF	0.496 (4.66)***	0.511 (6.29)***	15.808 (4.70)***	16.562 (6.57)***
$\bar{R}^2$	0.947	0.908	0.947	0.910
	3		4	
	ASEAN+3	ASEAN+7	ASEAN+3	ASEAN+7
GDP correlations (ρ) equation				
T	16.720 (1.42)	14.708 (1.75)*	0.005 (0.41)	0.023 (1.13)
F	−0.130 (−1.41)	−0.140 (−2.36)**	−9.324 (−0.30)	−64.459 (−1.57)
EXT	0.030 (1.46)	0.032 (2.26)**	0.006 (0.48)	0.011 (0.80)
EXF	0.096 (2.01)**	0.102 (3.00)***	0.044 (1.24)	0.109 (2.05)**
$\bar{R}^2$	0.011	0.005	0.185	0.064
Trade (T) equation				
F	0.007 (5.82)***	0.007 (4.51)***	1803.060 (5.04)***	2035.663 (3.99)***
EXT	−0.001 (−1.91)*	−0.000 (−0.78)	0.197 (0.81)	0.322 (1.11)
EXF	−0.003 (−4.22)***	−0.003 (−4.34)***	−1.651 (−3.65)***	−2.553 (−4.0)***
$\bar{R}^2$	0.854	0.828	0.874	0.686
Finance (F) equation				
T	122.318 (6.40)***	120.105 (5.09)***	0.000 (4.34)***	0.000 (3.84)***
EXT	0.186 (3.19)***	0.129 (2.12)**	0.000 (1.85)*	−0.000 (−0.24)
EXF	0.433 (3.41)***	0.472 (4.98)***	0.001 (2.33)**	0.001 (5.34)***
$\bar{R}^2$	0.927	0.877	0.896	0.807
	5		6	
	ASEAN+3	ASEAN+7	ASEAN+3	ASEAN+7
GDP correlations (ρ) equation				
T	0.049 (2.94)***	0.032 (2.81)***	0.050 (2.02)**	0.030 (1.48)
F	−0.740 (−3.08)***	−0.310 (−3.31)***	−0.217 (−1.99)**	−0.148 (−1.99)**
	7		8	
EXT	4.423 (1.360)***	0.967 (1.29)	0.031 (1.8)*	0.026 (1.93)*
EXF	1.318 (3.36)***	0.843 (4.09)***	0.133 (2.34)**	0.099 (2, 36)**

续表

$\bar{R}^2$	−0.472	−0.703	0.106	0.035
Trade (T) equation				
F	16.061 (3.88)***	7.204 (2.87)***	3.204 (11.98)***	3.468 (16.27)***
EXT	−74.876 (−2.03)***	17.979 (0.81)		
EXF	−24.999 (−3.91)***	−14.245 (−2.94)***	−1.496 (−4.66)***	−1.563 (−6.88)***
$\bar{R}^2$	0.642	0.371	0.927	0.868
Finance (F) equation				
T	0.069 (5.55)***	0.085 (3.15)***	0.133 (3.59)***	0.084 (1.62)
EXT	4.334 (3.25)***	1.470 (0.56)	0.310 (5.19)***	0.324 (4.34)***
EXF	1.626 (6.28) ****	1.690 (4.15)***		
$\bar{R}^2$	0.898	0.618	0.896	0.788

注：1. 显示的是采用实际 GDP 取对数后的差，而不是周期性实际 GDP 时的结果；2. 显示的是采用外部贸易和金融联系的替代衡量指标时的结果；3. 显示的是采用内部贸易一体化的替代衡量指标时的结果；4. 显示的是采用内部金融一体化的替代衡量指标时的结果；5. 显示的是一体化指标基于 2001 年的数据计算，而经济周期指标是基于 2002—2009 年的数据计算时的结果；6. 显示的是贸易方程中不包含外部金融联系且金融方程中不包含外部贸易联系时的结果。

另外，实证结果表明在亚洲内部用于促进金融一体化的区域性措施，如《清迈倡议多边化协议》和《亚洲债券市场发展倡议》，很可能降低区域内经济周期同步性。然而，实证结果同样显示区域金融一体化对于区域贸易一体化有正向影响，而这又对经济周期同步有正向影响。比如，《清迈倡议多边化协议》和《亚洲债券市场发展倡议》的区域性措施可能对经济周期同步产生直接的负向影响。在考虑到其他间接影响后，总体的负向影响很小。

更重要的是，区域金融一体化及合作会带来其他诸多利益，比如降低未来经济危机的可能性，促进风险分担，并有效地将储蓄分配到投资中。在考虑到这些利益后，区域金融的合作很可能会提高该区域内国家的福利水平。此外，区域货币一体化相对于区域金融合作的方法可能可行性更高。比如，区域金融一体化能通过增加区域内消费风险分担来减少货币同盟的成本，这可以被认为是在不对称的收入冲击下存在的一个内在的稳定机制。因此，更深入的区域金融一体化或合作，特别是综合性的途径，可以为亚洲国家提供更多普惠的福利，这对于亚洲来说是一个关键性的任务。

第7章

结　论

经济增长与经济波动是宏观经济学中最主要的组成部分，经济周期波动理论也是宏观经济学的核心内容之一，因此，研究经济周期波动具有极其重要的理论意义和现实意义。利用经济周期理论来分析宏观经济现象，最重要的一点就是将经济系统的均衡和波动作为研究对象。在此基础上，许多学者应用经济周期理论分析政策问题并取得了显著的成果，如分析宏观经济稳定性、部门政策的调整、贸易政策的改变、税收调整、收入分配原则变化等。改革开放后，我国经济迎来了长期的高速增长，但同时，高速增长也伴随着风险的积累和成本的增加。目前，随着全球经济的不确定性加强，我国经济已进入到下滑阶段，在这个阶段中，政策的干预必然更加频繁多变。因此，在这个特定的阶段中，更要深刻理解我国经济周期的变动规律和波动因素，这就需要进行经济政策机制的研究，了解我国经济周期调整的内在因素，从而指出我国相关政策在调节经济增长方面是否有效，这样才能在巨大的变化阶段调整好经济政策，让我国经济更平稳和持续地增长。因此，充分理解经济周期波动理论的静态和动态均衡，以及在经济周期的不同阶段中经济各个指标的不对称性，具有重要的现实意义。这也是本书的立意。

本书第二章以改革开放后我国经济周期波动为主线，先后阐述了经济周期理论产生的始末，提出了本书对经济周期波动的定义①，总结了经济周期的四个阶段的主要特点，并以美国和我国的实际案例展现了经济周期理论研究的重要性，最后按照时间先后顺序，系统地梳理和总结了每个历史阶段的经济周期波动理论。从最早的农业周期理论到近期的实际经济周期理论、理性预期理论，让读者对经济周期理论的整体脉络有了一个初步的了解。

第三章对我国 1978 年实施改革开放政策后的内部经济整体结构变化和外部经济各阶段的发展变化进行了详尽的描述性分析，让读者全面了解改革开放后我国经济社会的各方面情况以及国际环境的调整变化过程。

为了更好地回顾和总结我国对外经济政策调整的成就与经验，我们在第四章以改革开放为背景，对我国的对外经济政策调整及其影响进行了简单梳理。根据国际环境、我国经济发展状况以及对外贸易不同发展阶段，我们将改革开放后的时期分为四个主要阶段：一是目标探索阶段（1978—1991 年），二是框架构建阶段（1992—2002 年），三是逐步推进阶段（2003—2008 年），四是全面深化阶段（2009 年至今）。此外，我们还将第四阶段细分为 2009—2013 年、2014 年至今这两个阶段。

由于经济体的复杂性和动态特性，存在复杂的变量交互影响，且变量的影响权重、变化周期存在较大差异，其结果就是经济周期性发展存在着较大的不确定性，并导致社会经济的巨幅波动。为了避免出现这种情况，我们只有对相关理论进行梳理，对经济体做全面的了解，对经济周期波动出现的新特征进行系统的测定和分析，进而探索转轨时期经济周期的形成机制，这样才能针对不同的周期阶段，采取相应的货币、财政、收入分配及汇率政策等措施，来保持经济的持续健康发展。因此，我们在第五章中先介绍并比较了常用的 3 种计算经济周期的方法，即 HP 滤波法、BP 滤波法和 CF 滤波法，进而利用 HP 滤波法对我国改革开放四十年来的经济周期性特征进行了初步的分析。分析发现，从 1978 年至今，我国共呈现出 5 轮完整的经济周期，而目前我国经济正处于第 6 轮经济周期中。其中，1992—2003 年的周期时间最长，达到 12 年；周期最短的为 4 年，共有两个这样的周期：1984—1987 年和 1988—1991 年。

① 经济周期波动，也称为商业周期波动，是国内生产总值在长期内受到各种市场经济活动和市场环境的影响和驱使下，所带来的经济总体发展趋势的有规律的周期性的经济扩张与经济紧缩交替循环更替的上下波动现象，这一现象也将通过多种传导机制影响社会经济的各个方面。由于经济运行的驱动因素不同，每轮经济周期的内涵不同，并且在不同时期，推动经济增长的触发点不尽相同，因而经济周期对经济发展各方面的影响也不同。为了避免经济周期大幅波动，政府部门可以适当地利用货币、财政、收入分配及汇率等政策措施进行逆周期调节。

然后，我们又分别从内、外部市场的角度分析了各主要变量与经济周期波动的联系。我们发现，从内部市场的角度来看，投资和储蓄与经济周期波动的相关度是最高的。因此可以初步判断，在金融危机后全球经济低迷、外部需求市场疲软的时代背景及国内经济进入新常态的背景下，如何刺激内部消费和投资已经成为我国是否能够推动经济高质量、可持续发展的关键所在。而对外部市场而言，情况就较为复杂，每个因素都能在一定程度上影响我国的经济周期波动，但都不能完全解释我国的经济周期波动，因此需要进一步地深入分析。这里我们采用了向量误差修正模型，最终我们发现，我国经济周期的波动很大程度上是由于国内的投资引起的，此外，资本开放度和消费数也呈现出较强的解释力度。这说明资本在一定程度上对我国经济周期波动有着较为明显的影响。长期内贸易开放度和汇率的变化对经济周期波动有持续刺激的作用，而资本开放度的变化对经济周期波动却有反向刺激作用。因此，如果在衰退期间经济出现了复苏的苗头，积极地促进消费、改善产业结构、进一步开放资本和贸易可以初步刺激经济的复苏。在经济出现衰退期间，应该收缩金融，在保持汇率波动幅度不过大的同时推动货币贬值，带动我国经济的初步复苏。

经济全球化、区域金融一体化和贸易自由化使得世界各国的经济联系越来越紧密，各国的经济周期波动也越来越呈现出同步性。本书除了考虑我国自身的经济周期波动以外，还在第六章中使用了系统方程，利用两阶段回归模型从亚洲地区内部和外部的角度探讨了经济一体化是如何影响亚洲国家的经济周期同步性的。具体而言，我们做了如下区分：贸易一体化与金融一体化；内部经济一体化与外部经济联动。[①] 同时，我们还研究了不同种类的一体化是如何影响该区域内国家的经济周期同步性的。最终，我们发现相似的正向的外部联系对于亚洲国家经济周期同步性具有显著的正向影响。这个发现显示，来自亚洲

① 将内部经济一体化（亚洲范围内）和外部经济联动（与世界其他地区）区分开来对于解释亚洲内经济周期同步性是很重要的，因为内部经济和外部经济联动都能够在区域范围内影响经济周期同步性，但是二者作用方式不同。内部贸易（或金融）一体化和外部贸易（或金融）一体化对于区域性经济周期的影响有所不同。因此，内部经济一体化和外部经济联动的影响应该被分别估计。此外，内部经济一体化和外部经济联动可能在影响区域性经济周期同步中有相反的作用。比如，区域内国家间相似的外部金融联动模式可能会提升区域范围内经济周期同步性。然而，亚洲国家内较强的金融一体化可能会降低亚洲国家的经济周期同步性。通过区分它们的影响，我们可以推断出是内部经济一体化还是外部经济联动，这对于解释亚洲国家经济周期同步性更加重要。另外，我们对近年来的区域性经济一体化对于经济周期同步性的作用有更好的理解。比如，我们对于区域内的合作（如 ASEAN+3 的自由贸易区）以及亚洲金融合作（如《清迈倡议多边化协议》和《亚洲债券市场发展倡议》）对亚洲经济周期同步性的影响有更清晰的理解。根据实证结果，我们在这些问题上也有所收获。为了估计各自的影响，我们采用了 Gong 和 Kim（2012 年）所采取的方法。

之外的主要工业国家的外部冲击会影响亚洲国家的经济周期并由此影响该区域内国家间的经济周期同步。此外，我们还发现外部联动，特别是外部金融联动，是决定亚洲国家经济周期同步的最重要的因素。本书也证实了过去研究中所认为的，内部贸易一体化对于经济周期同步性有正向影响这一说法。值得一提的是，我们的发现在一定程度上解释了为什么之前的理论研究和实证研究存在相悖的地方[①]。

实证结果预示着我国需要致力于亚洲内部贸易一体化的区域性政策的发展（如 ASEAN+3 的自由贸易区），这样就能通过扩大内部贸易一体化的程度来增加区域内经济周期同步性。一旦亚洲国家的经济周期同步性有所增强，这种同步性更强的区域经济周期反过来就会增加对于区域性宏观经济政策协调的需要，这样就会减少区域货币一体化的成本。不仅如此，从某种程度上来讲，由于外部因素，特别是从外部金融联动对亚洲区域内部相对重要性的角度而言，我国要推动区域货币一体化进程还需要进一步削弱外部因素对亚洲区域内部的影响，或者说降低亚洲区域对外界金融的依赖度。

综上所述，我们应该进一步健全我国宏观经济波动的监测和预警机制，正确评价当前宏观经济运行的状态、冷热程度和分析世界经济环境的不确定性，更加准确地预测宏观经济形势未来的发展，在经济发生重大转折时做出预警，从而可以充分利用消费、产业结构、资本开放度和贸易开放度等的顺周期作用，以及金融拉动率和汇率的逆周期作用，适时地实施区域贸易一体化策略和区域金融一体化策略来摆脱困境，并推动亚洲地区的进一步经济整合。

① 理论研究认为金融联系对于周期同步性有负向影响，实证研究发现金融联系对于周期同步性有正向影响。

参考资料

[1] 崔友平，金玉国，张远超. 我国经济周期的历史考察及宏观对策 [J]. 当代经济研究，2005 (2)：60－64.

[2] 丁志帆. 改革开放以来中国经济周期波动特征与形成机制分析 [J]. 统计与信息论坛，2014 (3)：41－46.

[3] 董筱丹，薛翠，温铁军. 改革以来中国对外开放历程的演变及其内在逻辑 [J]. 中国经济史研究，2012 (2)：146－158.

[4] 樊纲. 通货紧缩、有效降价与经济波动 [J]. 经济研究，2003 (7)：3－11.

[5] 范方志. 当代西方政治经济周期理论述评——兼论中央银行独立性 [J]. 湖北经济学院学报，2006 (2)：44－51.

[6] 范小云，袁梦怡，肖立晟. 理解中国的金融周期：理论、测算与分析 [J]. 国际金融研究，2017 (1)：28－38.

[7] 关梦觉. 国家垄断资本主义与美国经济危机（上）[J]. 经济研究，1961 (5)：13－28.

[8] 关梦觉. 国家垄断资本主义与美国经济危机（下）[J]. 经济研究，1961 (6)：15－30.

[9] 韩立国. 中国经济周期波动的特征及形成路径分析 [D]. 兰州：西北师范大学，2012.

[10] 杭勤. 当前资本主义世界的经济危机 [J]. 国际贸易问题，1975 (1)：59－67.

[11] 洪大璘. 为什么不能说"社会主义社会可能发生经济危机"——与蒋学模同志再商榷 [J]. 社会科学，1979 (3)：102－107.

[12] 胡永刚. 当代西方经济周期理论 [M]. 上海：上海财经大学出版

社，2002.
[13] 黄志贤. 当前资本主义世界货币金融危机 [J]. 福建师范大学学报（社会科学版），1975（1）：107－116.
[14] 李长璐. 中国经济周期波动原因分析及调控管理 [D]. 长春：吉林大学，2010.
[15] 李建伟. 传统的经济周期理论及局限性 [J]. 重庆理工大学学报（社会科学版），2015（11）：1－8.
[16] 连平，吴金友. 中国经济周期波动研究（1978—2009年）[J]. 世界经济研究，2011（9）：3－9，87.
[17] 林毅夫，余淼杰. 我国价格剪刀差的政治经济学分析：理论模型与计量实证 [J]. 经济研究，2009（1）：42－56.
[18] 刘辉. 奥地利学派经济周期理论述评 [J]. 时代经贸，2011（2）：56.
[19] 刘树成. 论中国经济周期波动的新阶段 [J]. 经济研究，1996（11）：3－10.
[20] 刘树成. 论中国经济增长的速度格局 [J]. 经济研究，1998（10）：3－10.
[21] 刘欣雨. 我国对外贸易政策调整对广东外贸影响的研究 [D]. 广州：广东外语外贸大学，2013.
[22] 孟中泽. 中国出口贸易现状综合评价研究 [J]. 当代经济，2012（21）：74－75.
[23] NIEMIRA Michael P，KLEIN Philip A. 金融与经济周期预测 [M]. 邱东，等译. 北京：中国统计出版社，1998.
[24] 邱晓华，郑京平，万东华，等. 中国经济增长动力及前景分析 [J]. 经济研究，2006（5）：4－12.
[25] 实际经济周期理论 [EB/OL]. [2018－03－10] http://baike.baidu.com/l/mz3melFq?bk_share=copy.
[26] 思慕. 美国经济危机与其影响 [J]. 财经研究，1958（4）：33－37.
[27] 宋玉华，徐前春. 世界经济周期理论的文献述评 [J]. 世界经济，2004（6）：66－76.
[28] 谭屹然，石柱鲜，赵红强，等. 论经济周期与信息周期理论 [J]. 现代情报，2010（12）：32－35.
[29] 滕昕，周源. 我国外汇储备周期波动与经济周期的实证分析 [J]. 改革与战略，2011（7）：25－27.
[30] 王常亮. 基于三种滤波方法的中国经济周期波动特征研究 [D]. 济南：山东大学，2012.

[31] 王梦奎. 后危机时期的世界和中国经济 [J]. 管理世界，2010 (1)：2—7.
[32] 王维明. 改革开放以来我国经济周期性波动实证研究 [D]. 青岛：中国石油大学，2009.
[33] 王小鲁，樊纲，刘鹏. 中国经济增长方式转换和增长可持续性 [J]. 经济研究，2009 (7)：44—47.
[34] 乌家培，刘树成. 经济数量关系研究三十年 [J]. 经济研究，1985 (6)：23—32.
[35] 吴大琨. 论战后美国资本输出对当前经济危机的影响 [J]. 经济研究，1961 (4)：35—38.
[36] 吴吉林，原鹏飞. 我国通货膨胀运动阶段的非线性平滑转换 [J]. 统计研究，2012 (3)：32—40.
[37] 谢碧云. 中国关税政策的演变及启示 [J]. 魅力中国，2014 (1)：63—64.
[38] 严慧英. 坚持市场化改革取向 [J]. 中国政协，2012 (11)：24—25.
[39] 严君. 改革开放以来广东省经济周期波动及其形成机制的实证研究 [D]. 广州：暨南大学，2010.
[40] 姚敏，周潮. 中国经济周期波动的特征和影响因素研究 [J]. 经济问题探索，2013 (7)：5—8.
[41] 张立群. 我国经济的周期性波动与宏观调控 [J]. 经济纵横，2007 (2)：30—33.
[42] 张曙光. 经济结构和经济效果 [M]. 北京：中国社会科学出版社，1982.
[43] 张宇燕. 国际经济新变化与中国对外经济政策 [J]. 国际经济评论，2015 (6)：28—38.
[44] 张智革. 改革开放以来我国经济结构的变化 [J]. 商业经济，2011 (6)：3—6.
[45] 章文光. 中国外资政策影响企业进入国际市场的机制 [J]. 国际经济合作，2013 (6)：80—87.
[46] 中国对外贸易政策 [EB/OL]. [2017—11—08] http://wenku.baidu.com/view/54e2ba8a8 4868762caaed5.
[47] 中国汇率改革历程 [EB/OL]. [2017—12—10] http://www.360doc.com/content/16/1206/15/28166697 _ 612465601.shtml.
[48] 周茂荣. 论战后美国的经济危机频繁化和周期缩短问题 [J]. 世界经济，1979 (9)：33—39.
[49] ARNOLD L G. Business Cycle Theory [M]. NewYork: Oxford

University Press，2002.

[50] BACKUS DAVID K，PATRICK J KEHOE，FINN E KYDLAND. International Real Business Cycle [J]. Journal of Political Economy，1992 (100)：744—775.

[51] BOYAN JOVANOVIC. Investment options and the business cycle [J]. Journal of Economic Theory，2009，144 (6)：2247—2265.

[52] BROOKS，DOUGLAS H，CHANGCHUN HUA. Asian Trade and Global Linkages [J]. ADB Institute Working Paper，2009，26 (1)：103—128.

[53] CANOVA，FABIO，HARRIS DELLAS. Trade Interdependence and the International Business Cycle [J]. Journal of International Economics，1993，34 (1—2)：23—47.

[54] CARSTEN A HOLZ. China's Economic Growth 1978—2025：What We Know Today About China's Economic Growth Tomorrow [J]. World Development，2008，36 (10)：1665—1691.

[55] CHUN CHANG，KAIJI CHEN，DANIEL F WAGGONER，et al. Trends and Cycles in China's Macroeconomy [EB/OL]. [2015－06－30]. https://www.nber.org/papers/w21244.

[56] DADID K BACKUS，PSTRICK J Kehoe，FINN E KYDLAND. International real business cycles [J]. Journal of Political Economy，1992，100 (4)：745—775.

[57] DIERK HERZER，STEPHAN KLASEN，FELICITAS NOWAK-LEHEHMANN D. In search of FDI-led growth in developing countries [J]. Economic Modelling，2008，25 (5)：793—810.

[58] Dées，Stéphane，Nico Zorell. Business Cycle Synchronisation：Disentangling Trade and Financial Linkages [J]. European Central Bank working paper，2012，23 (4)：623—643.

[59] FRANKEL，JEFFERY ALESANDER，AANDREW KENAN ROSE. An estimate of the effect of common currencies on trade and income [J]. The Quarterly Journal of Economics，2002，117 (2)：437—466.

[60] FRANKEL，JEFFERY ALESANDER，ANDREW KENAN ROSE. Theendogeneity of the optimum currency area criteria [J]. The Economic Journal，1998，108 (449)：1009—1025.

[61] GONG CHI，SOYOUNG KIM. Economic Integration and Business

Cycle Synchronization in Asia [J]. Asian Economic Papers, 2013, 12 (1): 76—99.

[62] GONG CHI, SOYOUNG KIM. Regional Business Cycle Synchronization in Developing Countries: Regional or Global Integration? Trade or Financial Integration? [J]. Journal of International Money and Finance, 2018, 84 (7): 42—57.

[63] HEATHCOTE, JONATHAN, FABRIZIO PERRI. Financial globalization and real regionalization [J]. NBER Working Papers, 2004, 119 (1): 207—243.

[64] HODRICK R J, E PRESCOTT. Postwar U. S. Business Cycles: An EmpiricalInvestigation [J]. Social Science Electronic Publishing, 1997, 29 (1): 1—16.

[65] IMDS, JEAN. The Real Effects of Financial Integration [J]. Journal of International Economics, 2006, 68 (2): 296—324.

[66] IMDS, JEAN. Trade, finance, specialization, and synchronization [J]. Review of Economics and Statistics, 2004, 86 (3): 723—734.

[67] KALEMLI-OACAN SEBNEM, ELIAS PAPAIOANNOU, José Luis Peydró. Financial integration and business cycle synchronization [EB/OL]. [2009—04—30]. https://www.nber.org/papers/w14887.

[68] KOSE AYHAN, CHRISTOPHER OTROK, ESWAR S PRASSD. Global Business Cycles: Convergence or Decoupling? [J]. International Monetary Fund Working Paper, 2012, 53 (2): 511—538.

[69] KOSE AYHAN, ESWAR S PRASSD, MARCO E. Terrones. How does globalization affect the synchronization of business cycles? [J]. The American Economic Review, 2003, 93 (2): 57—62.

[70] KOSE AYHAN, KEI-MU Yi. International trade and business cycles: Is vertical specialization the missing link? [J]. American Economic Review, 2001, 91 (2): 371—375.

[71] MUNDELL, ROBERT. A Theory of Optimum Currency Areas [J]. American Economic Review, 1961, 51 (4): 657—665.

[72] MUNDELL, ROBERT. Prospects for an Asian currency area [J]. Journal of Asian Economics, 2003, 14 (1): 1—10.

[73] OGAWA , EIJI, JUNKO SHIMIZU. Asian Monetary Unit and Monetary

Cooperation in Asia [J]. Iliffe Books，2011，57 (10)：221—228.

[74] RANA，PRADUMNA B. Trade Intensity and Business Cycle Synchronization：The Case of East Asia Countries [J]. ADB Working Paper Series on Regional Economic Integration，2008，53 (2)：279—292.

[75] ROBERT A BUCKLE，KUNHONG KIM，HEATHER KIRKHAM，et al. A structural VAR business cycle model for a volatile small open economy [J]. Economic Modelling，2007，24 (6)：990—1017.

[76] SHIN，KWANHO，CHAN-HYUN SOHN. Trade and financial integration in East Asia：Effects on co-movements [J]. World Economy，2006，29 (12)：1649—1669.

[77] SICHEL D E. Inventories and the Three Phases of the Business Cycle [J]. Journal of Business Economics and Statistics，1994，12 (3)：269—277.

[78] SOYOUNG KIM，JONG-WHA LEE，CYNYONGPARK. Emerging Asia：Decoupling or Recoupling [J]. The World Economy，2011，34 (1)：23—53.

[79] SOYOUNG KIM，JONG-WHA LEE. Real and Financial Integration in East Asia [J]. Working Papers on RegionalEconomic Integration，2012，20 (2)：332—349.

[80] SOYOUNG KIM，SUNGHYUN HENRY KIM，YUNJONG WANG. Financial integration and consumption risk sharing in East Asia [J]. Japan and the World Economy，2006，18 (2)：143—157.

[81] SOYOUNG KIM，SUNGHYUN HENRY KIM，YUNJONG WANG. Regional Versus Global Risk Sharing in East Asia [J]. Asian Economic Papers，2004，3 (3)：182—201.

[82] TERASVIRTA T，ANDERSON H M. Characterizing Nonlinearities in Business Cycles Using Smooth Transition Autoregressive Models [J]. Journal of Applied Econometrics，1992 (7)：119—136.

[83] THOMAS CHRISTIAANS. International trade and industrialization in a non-scale model of economic growth [J]. Structural Change and Economic Dynamics，2008，19 (3)：221—236.

[84] TIAO G C，TSAY R S. Some advances in non－linear and adaptive modelling in time－series [J]. Journal of Forecasting，1994，13 (2)：109—131.